포차코와 함께 하는

매일 1장 초등영어 문장쓰기

시원스쿨 지음

1 입문편

초판 1쇄 발행 2025년 12월 29일

지은이 시원스쿨
펴낸곳 (주)에스제이더블유인터내셔널
펴낸이 양홍걸 이시원

홈페이지 www.siwonschool.com
주소 서울시 영등포구 영신로 166 시원스쿨
교재 구입 문의 02)2014-8151
고객센터 02)6409-0878

ISBN 979-11-7550-550-6 63740
Number 1-120101-18183300-09

여러분,
지금부터 매일 1장씩
영어 실력을 쑥쑥! 키워볼까요?

매일 1장
50일
영어 문장 쓰기 습관의
놀라운 기적

Practice
Makes
Perfect.

연습이
완벽을
만듭니다.

am Kai. I am Korean. I'm a student. I'm a cook. I'm a happy person. I'm a good singer
m an only child. I'm not American I'm not a liar. I'm not a lazy person. I'm glad. I'm
ouched. I'm so hungry. I'm too full. I'm very busy. I'm really excited. I'm not upset. I'm
ot that tired. I'm not lonely anymore. I'm not sure yet. You are a good friend. You're so
ind. You're not alone. He is my friend. He's my brother. He's not my father. She is my
est friend. She's very pretty. She's not my grandmother. She's so cute. We are brothers
We're classmates. We're not that close. They are my parents. They're my toys. They're
ot a family. This is my favorite color. This is not your bag. That is too expensive. That
not my dog. Am I right? Are you ready? Are you his relative? Are you her neighbor? Is
e her boyfriend? Is she his girlfriend? Are they disappointed? Are they your shoes? Is
his your coat? Is that your son? I have a phone. I have a puppy. I have a small mole.
ave a big dream. I have a headache. I have two friends. I have some ideas. I don't have
n umbrella. I don't have any chance. I have no money. I like flowers. I like fresh fruits.

키가 하루 아침에 갑자기 쑥! 자랄까요?

아니죠. **매일매일 조금씩 꾸준히** 자라다 마침내 큰 키가 되는 거죠.

말도 마찬가지예요. 어느 날 갑자기 지금처럼 말을 잘하게 됐을까요?

아니죠. 아기였을 때 엄마, 아빠라고 말하는 것부터 시작해

매일매일 조금씩 꾸준히 말이 늘다가 마침내 잘하게 되는 거죠.

무슨 일이든 갑자기 한꺼번에 되는 일은 없어요.

영어를 잘하려면 **영어도 매일매일 조금씩 꾸준히** 해야 해요.

그렇게 하다 보면 "어, 이젠 영어가 너무 편해!"라고 느껴지는 날이 올 거예요.

자, 그럼 지금부터 50일 동안 매일매일 조금씩 꾸준히

매일 1장 영어 문장 쓰기 습관으로 영어와 친해져 볼까요?

1 '50가지 일상 주제별' 매일 1장 영어 문장 쓰기 학습

'자기 소개, 가족, 친구, 학교 생활, 집안 생활, 여가 시간, 나의 꿈' 등 아이들이 생활 속에서 접할 수 있는 50가지 일상 주제를 뽑은 후 각 주제별로 매일 1장씩 영어 문장을 쓰고, 듣고, 따라 말하며 서서히 '영어 뇌'를 만들 수 있는 초등 영어 학습서입니다.

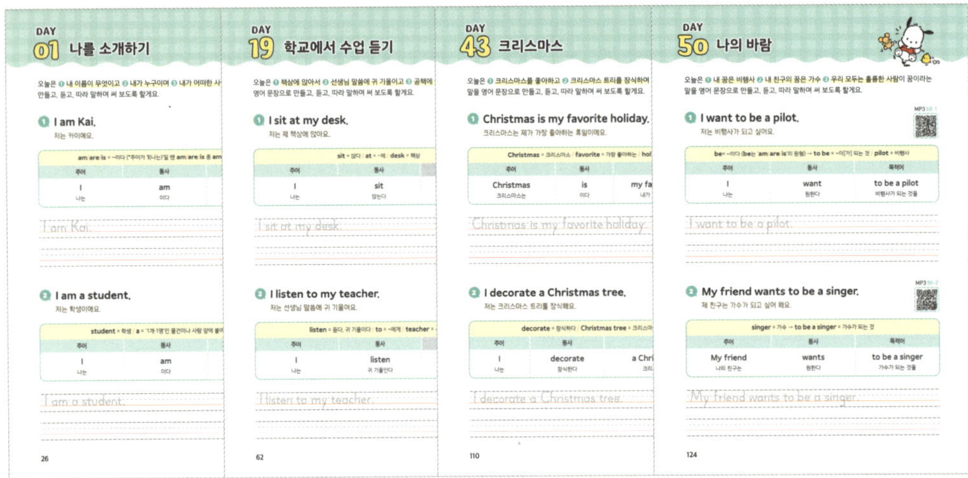

2 '단어 읽는 법, 영어의 어순, 기초 문법 용어'부터 익히기

학습 시작 전 영어 문장을 이해하는 데 필요한 기본적인 내용들부터 익힙니다.

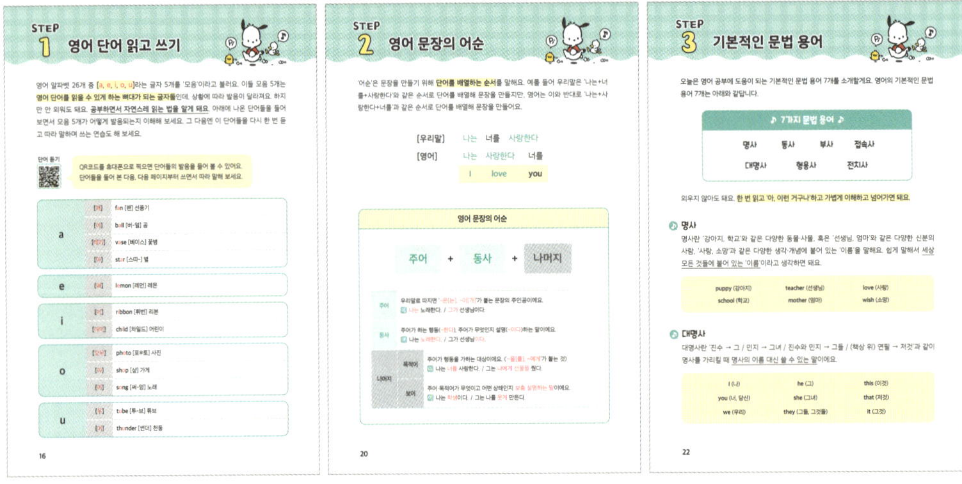

③ **매일 1장씩 일상 주제별로 '영어 문장 3개'를 쓰고, 듣고, 말하며 자연스럽게 영어 뇌 만들기**

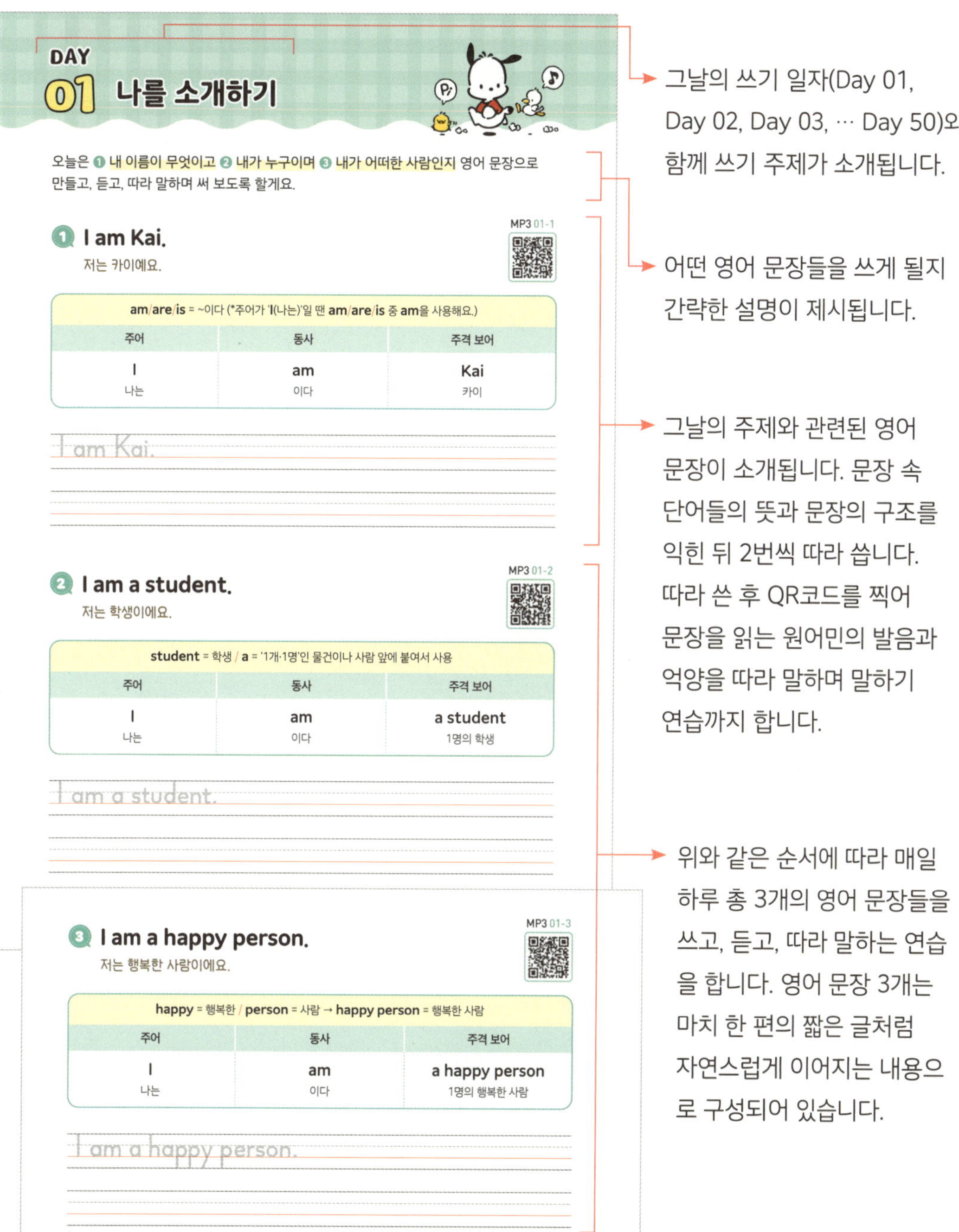

그날의 쓰기 일자(Day 01, Day 02, Day 03, … Day 50)와 함께 쓰기 주제가 소개됩니다.

어떤 영어 문장들을 쓰게 될지 간략한 설명이 제시됩니다.

그날의 주제와 관련된 영어 문장이 소개됩니다. 문장 속 단어들의 뜻과 문장의 구조를 익힌 뒤 2번씩 따라 씁니다. 따라 쓴 후 QR코드를 찍어 문장을 읽는 원어민의 발음과 억양을 따라 말하며 말하기 연습까지 합니다.

위와 같은 순서에 따라 매일 하루 총 3개의 영어 문장들을 쓰고, 듣고, 따라 말하는 연습을 합니다. 영어 문장 3개는 마치 한 편의 짧은 글처럼 자연스럽게 이어지는 내용으로 구성되어 있습니다.

④ 영어 문장 3개를 이어 '한 편의 짧은 영어 글' 쓰기

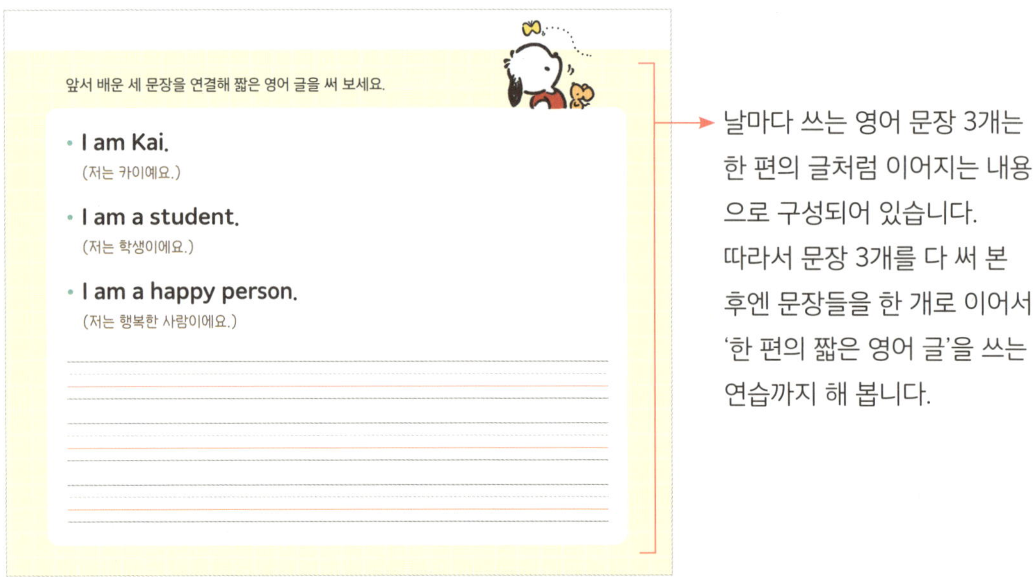

날마다 쓰는 영어 문장 3개는 한 편의 글처럼 이어지는 내용으로 구성되어 있습니다.
따라서 문장 3개를 다 써 본 후엔 문장들을 한 개로 이어서 '한 편의 짧은 영어 글'을 쓰는 연습까지 해 봅니다.

⑤ '[특별 부록] +150문장 더 써 보기' 워크북 제공

50일 동안 150개의 영어 문장을 따라 쓰며 배운 표현들이 그대로 들어간 영어 문장 +150개를 추가적으로 더 써 보며 공부할 수 있는 워크북을 제공합니다.

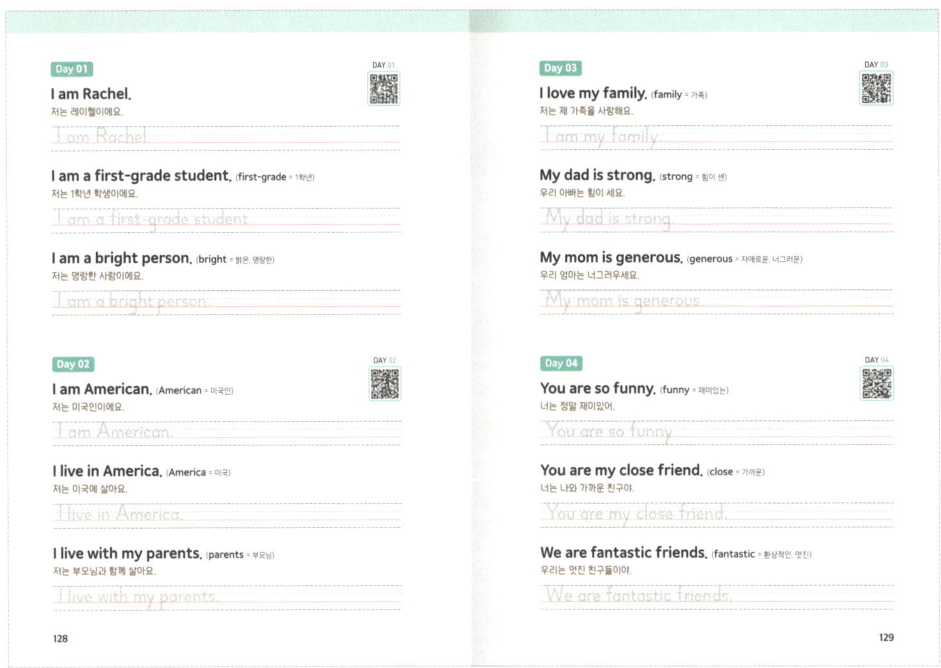

매일 1장 쓰기 학습을 끝낼 때마다
'일일 학습 체크 일지'에 체크(O) 표시

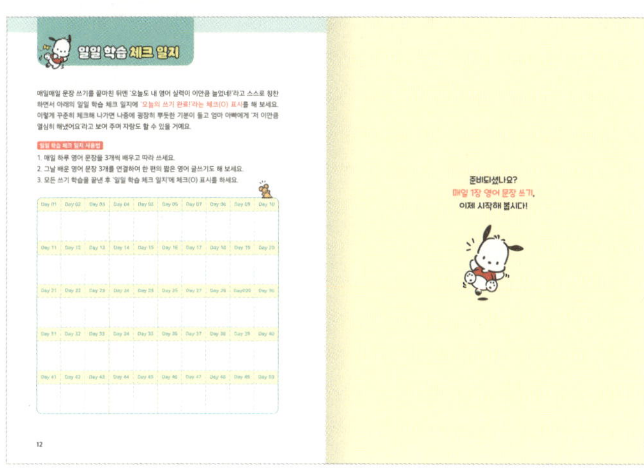

매일의 공부를 끝마친 후
일일 학습 체크 일지에
'오늘 공부 끝!'이라는 체크(O)
표시를 50일 동안 채워 나가면
아이들 스스로 뿌듯함과
성취감을 느낄 수 있습니다.

총 '3단계 레벨'로 구성된
<포차코와 함께 하는 매일 1장 초등 영어 문장 쓰기>

<포차코와 함께 하는 매일 1장 초등 영어 문장 쓰기>는 '1 (입문편) - 2 (성장편) - 3(완성편)'의 3단계 레벨로 구성되어 있으며, 본 교재는 '1 (입문편)'에 해당합니다.

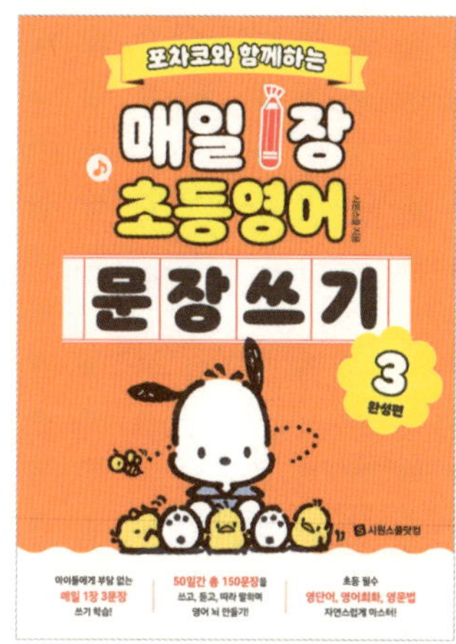

1 입문편	2 성장편	3 완성편
초등 1학년부터 초등 2학년 수준에 적합합니다.	초등 2학년 후반부터 초등 3학년 수준에 적합합니다.	초등 3학년 후반부터 초등 4학년 수준에 적합합니다.

목차

준비 학습	쓰기 학습 시작 전 기본기 다지기	016
Day 01	나를 소개하기	026
Day 02	내가 사는 곳	028
Day 03	나의 부모님	030
Day 04	나의 친한 친구	032
Day 05	나의 남자 형제	034
Day 06	나의 여자 형제	035
Day 07	좋아하는 동물	038
Day 08	좋아하는 음식	040
Day 09	좋아하는 색깔	042
Day 10	좋아하는 음악	044
Day 11	눈, 코, 입	046
Day 12	머리, 팔, 다리, 목소리	048
Day 13	싫어하는 것	050
Day 14	없는 것	052
Day 15	아닌 것	054
Day 16	일어나서 세수하기	056
Day 17	밥 먹고 양치질하기	058
Day 18	준비하고 학교 가기	060
Day 19	학교에서 수업 듣기	062
Day 20	점심시간에 밥 먹기	064
Day 21	쉬는 시간에 놀기	066
Day 22	학교 수업 끝내기	068
Day 23	집에 돌아오기	070
Day 24	숙제하기	072
Day 25	방에서 쉬기	074

Day 26	부모님 돕기	076
Day 27	형제자매 돕기	078
Day 28	저녁 먹기	080
Day 29	목욕하기	082
Day 30	방 청소하고 자기	084
Day 31	자전거 타기	086
Day 32	악기 연주하기	088
Day 33	운동하기	090
Day 34	그림 그리기	092
Day 35	노래하고 춤추기	094
Day 36	공부하기	096
Day 37	외식하기	098
Day 38	여름 방학	100
Day 39	겨울 방학	102
Day 40	봄과 가을	104
Day 41	생일	106
Day 42	설날	108
Day 43	크리스마스	110
Day 44	마트 가기	112
Day 45	병원 가기	114
Day 46	영화관 가기	116
Day 47	놀이동산 가기	118
Day 48	동물원 가기	120
Day 49	장난감 사러 가기	122
Day 50	나의 바람	124
특별부록	+150문장 더 써 보기 Workbook	128

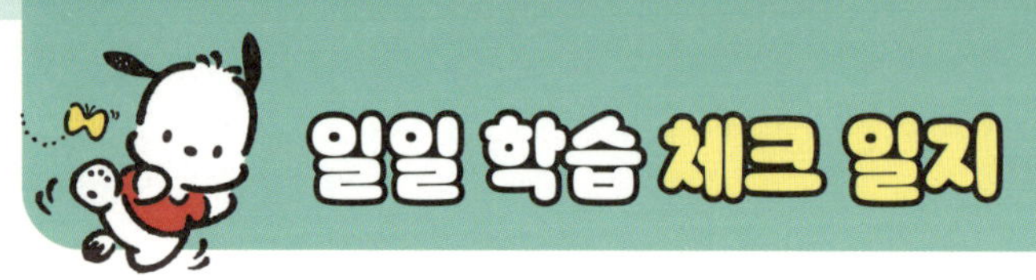

매일매일 문장 쓰기를 끝마친 뒤엔 '오늘도 내 영어 실력이 이만큼 늘었네!'라고 스스로 칭찬하면서 아래의 일일 학습 체크 일지에 **'오늘의 쓰기 완료!'**라는 **체크(O) 표시**를 해 보세요. 이렇게 꾸준히 체크해 나가면 나중에 굉장히 뿌듯한 기분이 들고 엄마 아빠에게 '저 이만큼 열심히 해냈어요'라고 보여 주며 자랑도 할 수 있을 거예요.

일일 학습 체크 일지 사용법

1. 매일 하루 영어 문장을 3개씩 배우고 따라 쓰세요.
2. 그날 배운 영어 문장 3개를 연결하여 한 편의 짧은 영어 글쓰기도 해 보세요.
3. 모든 쓰기 학습을 끝낸 후 '일일 학습 체크 일지'에 체크(O) 표시를 하세요.

Day 01	Day 02	Day 03	Day 04	Day 05	Day 06	Day 07	Day 08	Day 09	Day 10
Day 11	Day 12	Day 13	Day 14	Day 15	Day 16	Day 17	Day 18	Day 19	Day 20
Day 21	Day 22	Day 23	Day 24	Day 25	Day 26	Day 27	Day 28	Day029	Day 30
Day 31	Day 32	Day 33	Day 34	Day 35	Day 36	Day 37	Day 38	Day 39	Day 40
Day 41	Day 42	Day 43	Day 44	Day 45	Day 46	Day 47	Day 48	Day 49	Day 50

준비되셨나요?
매일 1장 영어 문장 쓰기,
이제 시작해 봅시다!

My mom wants to go to the market.

She wants to buy bananas.

I want to buy apples.

I want to be an astronaut.

My friend wants to be an actor.

Everybody wants to be a great person.

쓰기 학습 시작 전 기본기 다지기
Let's warm Up!

영어 단어 읽고 쓰기

영어 알파벳 26개 중 [a, e, i, o, u]라는 글자 5개를 '모음'이라고 불러요. 이들 모음 5개는 **영어 단어를 읽을 수 있게 하는 뼈대가 되는 글자들**인데, 상황에 따라 발음이 달라져요. 하지만 안 외워도 돼요. **공부하면서 자연스레 읽는 법을 알게 돼요.** 아래에 나온 단어들을 들어 보면서 모음 5개가 어떻게 발음되는지 이해해 보세요. 그 다음엔 이 단어들을 다시 한 번 듣고 따라 말하며 쓰는 연습도 해 보세요.

단어 듣기

QR코드를 휴대폰으로 찍으면 단어들의 발음을 들어 볼 수 있어요.
단어들을 들어 본 다음, 다음 페이지부터 쓰면서 따라 말해 보세요.

a	[애]	fan [팬] 선풍기
	[어]	ball [버-얼] 공
	[에이]	vase [베이스] 꽃병
	[아]	star [스따-] 별

| e | [애] | lemon [레먼] 레몬 |

| i | [이] | ribbon [뤼번] 리본 |
| | [아이] | child [차일드] 어린이 |

o	[오우]	photo [포우토] 사진
	[아]	shop [샵] 가게
	[어]	song [써-엉] 노래

| u | [우] | tube [투-브] 튜브 |
| | [어] | thunder [썬더] 천둥 |

| **fan** | [팬] 선풍기 |

F(f)는 윗니를 아랫입술에 붙였다 떼며 공기가 터지듯 [ㅍ(프)] 소리로 발음해요.
따라서 'f[ㅍ]+a[애] = [패]'와 같이 발음돼요.

fan ▸ fan

| **ball** | [버-얼] 공 |

B(b)는 입술을 붙였다 떼며 목을 부르르 떨면서 [ㅂ(브)] 소리로 발음해요.
따라서 'b[ㅂ]+a[어] = [버]'와 같이 발음돼요.

ball ▸ ball

| **vase** | [베이스] 꽃병 |

V(v)는 윗니를 아랫입술에 붙였다 떼며 목을 떨면서 [ㅂ(브)] 소리로 발음해요.
따라서 'v[ㅂ]+a[에이] = [베이]'와 같이 발음돼요.

vase ▸ vase

| **star** | [스따-] 별 |

T(t)는 [ㅌ(트)] 소리로 발음되는데 S(s) 뒤에선 [ㄸ(뜨)] 소리로 거칠게 변해요.
따라서 't[ㄸ]+a[아] = [따]'와 같이 발음돼요.

star ▸ star

| **lemon** | [레먼] 레몬 |

L(l)은 혀 끝을 윗니 뒤쪽 입천장에 댔다가 떼며 [ㄹ(르)] 소리로 발음해요.
따라서 'l[ㄹ]+e[에] = [레]'와 같이 발음돼요.

lemon ▸ lemon

| **ribbon** | [뤼번] 리본 |

R(r)은 혀를 입천장에 안 닿게 뒤로 말았다 앞으로 풀며 [루] 소리로 발음해요.
따라서 'r[루]+i[이] = [루이→뤼]'와 같이 발음돼요.

ribbon ▸ ribbon

| **child** | [차일드] 어린이 |

ch는 [ㅊ(츠)] 소리로 발음돼요. (*S(s) 뒤에선 [ㄲ(끄)]로 발음돼요.)
따라서 'ch[ㅊ]+i[아이] = [차이]'와 같이 발음돼요.

child ▸ child

| **photo** | [포우토] 사진 |

ph는 F(f)와 똑같이 [ㅍ(프)] 소리로 발음돼요.
따라서 'ph[ㅍ]+i[오우] = [포우]'와 같이 발음돼요.

photo ▸ photo

shop	[샵] 가게
sh는 [쉬] 소리로 발음돼요. 따라서 'sh[쉬]+o[아] = [쉬아→샤]'와 같이 발음되겠죠?	

shop ▶ shop

song	[써-엉] 노래
ng가 단어 끝에 오면 [ㅇ] 받침소리처럼 발음돼요. 따라서 'o[어]+ng[ㅇ] = [엉]'과 같이 발음되겠죠?	

song ▶ song

tube	[투-브] 튜브
tube는 't[ㅌ]+u[우] = [투]'와 같이 발음돼요. (*미국이 아닌 다른 어떤 나라에선 [투]가 아닌 [츄]로 발음해요.)	

tube ▶ tube

thunder	[썬더] 천둥
th는 혀 끝을 이빨로 살짝 물었다가 뒤로 빼며 [ㅆ(쓰)]처럼 발음해요. 따라서 'th[ㅆ]+u[어] = [써]'와 같이 발음돼요.	

thunder ▶ thunder

영어 문장의 어순

'어순'은 문장을 만들기 위해 **단어를 배열하는 순서**를 말해요. 예를 들어 우리말은 '나는+너를+사랑한다'와 같은 순서로 단어를 배열해 문장을 만들지만, 영어는 이와 반대로 '나는+사랑한다+너를'과 같은 순서로 단어를 배열해 문장을 만들어요.

[우리말]	나는	너를	사랑한다
[영어]	나는	사랑한다	너를
	I	love	you

영어 문장의 어순

주어 + 동사 + 나머지

주어		우리말로 따지면 '~은[는], ~이[가]'가 붙는 문장의 주인공이에요. 예 나는 노래한다. / 그가 선생님이다.
동사		주어가 하는 행동(~한다), 주어가 무엇인지 설명(~이다)하는 말이에요. 예 나는 노래한다. / 그가 선생님이다.
나머지	목적어	주어가 행동을 가하는 대상이에요. ('~을[를], ~에게'가 붙는 것) 예 나는 너를 사랑한다. / 그는 나에게 선물을 줬다.
	보어	주어·목적어가 무엇이고 어떤 상태인지 보충 설명하는 말이에요. 예 나는 학생이다. / 그는 나를 웃게 만든다.

1형식	'주어는 ~한다'라는 뜻의 가장 기본적인 문장이에요.	
	주어	동사
	I 나는	sing 노래한다

2형식	'주어는 ~(라는 사람·사물·성질·상태)이다'라는 뜻의 문장이에요.		
	주어	동사	주격 보어
	I 나는	am 이다	Kai 카이

3형식	'주어는 ~을[를] ~한다'라는 뜻의 문장이에요.		
	주어	동사	목적어
	I 나는	love 사랑한다	you 너를

4형식	'주어는 ~에게 ~을[를] ~한다'라는 뜻의 문장이에요.			
	주어	동사	간접 목적어	직접 목적어
	I 나는	give 준다	him 그에게	love 사랑을

5형식	'주어는 ~을[를] ~(가 되)게 ~한다'라는 뜻의 문장이에요.			
	주어	동사	목적어	목적격 보어
	I 나는	make 만든다	her 그녀를	smile 미소 짓게

기본적인 문법 용어

오늘은 영어 공부에 도움이 되는 기본적인 문법 용어 7개를 소개할게요. 영어의 기본적인 문법 용어 7개는 아래와 같답니다.

<table>
<tr><td colspan="4">♪ 7가지 문법 용어 ♪</td></tr>
<tr><td>명사</td><td>대명사</td><td>동사</td><td>형용사</td></tr>
<tr><td>부사</td><td colspan="2">전치사</td><td>접속사</td></tr>
</table>

외우지 않아도 돼요. 한 번 읽고 '아, 이런 거구나'하고 가볍게 이해하고 넘어가면 돼요.

명사

명사란 '강아지, 학교'와 같은 다양한 동물·사물, 혹은 '선생님, 엄마'와 같은 다양한 신분의 사람, '사랑, 소망'과 같은 다양한 생각·개념에 붙어 있는 '이름'을 말해요. 쉽게 말해서 <u>세상 모든 것들에 붙어 있는 '이름'</u>이라고 생각하면 돼요.

puppy (강아지)	**teacher** (선생님)	**love** (사랑)
school (학교)	**mother** (엄마)	**wish** (소망)

대명사

대명사란 '진수 → 그 / 민지 → 그녀 / 진수와 민지 → 그들 / (책상 위) 연필 → 저것'과 같이 명사를 가리킬 때 <u>명사의 이름 대신 쓸 수 있는 말</u>이에요.

I (나)	**he** (그)	**this** (이것)
you (너, 당신)	**she** (그녀)	**that** (저것)
we (우리)	**they** (그들, 그것들)	**it** (그것)

♪ 동사

동사란 '먹다, 자다, 읽다, 말하다, 생각하다, 공부하다'와 같이 '~하다'라는 다양한 행동을 나타내는 말, 혹은 '~이다'와 같이 상태를 나타내는 말이에요.

> eat (먹다) / sleep (자다)
>
> read (읽다) / speak (말하다)
>
> think (생각하다) / study (공부하다)
>
> I am ____. (나는 ____이다.)
>
> You are ____. (너는 ____이다.)
>
> He is ____. (그는 ____이다.)

♪ 형용사

형용사란 '귀여운 강아지, 친절한 선생님'과 같이 (대)명사를 꾸미거나 '나는 피곤하다, 너는 예쁘다'와 (대)명사의 성질·상태를 설명해 주는 말이에요.

> cute puppy (귀여운 강아지) / kind teacher (친절한 선생님)
>
> I am tired. (나는 피곤하다.) / You are pretty. (너는 예쁘다.)

♪ 부사

부사란 '너무 귀여운, 아주 친절한'과 같이 형용사를 강조하거나 '나는 빨리 달린다, 너는 느리게 말한다'와 같이 동사를 강조하는 말이에요.

> so cute (너무 귀여운) / very kind (아주 친절한)
>
> I read fast. (나는 빨리 읽는다.) / You speak slowly. (너는 느리게 말한다)

♪ 전치사, 접속사

전치사란 '7시에, 학교로, 너와 함께'와 같이 (대)명사 앞에 붙어서 (대)명사의 위치·상태를 나타내 주는 말이며, 접속사란 '나와 너, 주스 또는 커피'와 같이 2개 이상의 단어나 표현, 문장을 연결해 주는 말이에요.

> at seven (7시에) / with you (너와 함께) / to school (학교로)
>
> you and me (나와 너) / juice or coffee (주스 또는 커피)

매일 1장
초등 영어 문장 쓰기
Let's get started!

01 나를 소개하기

오늘은 ❶ 내 이름이 무엇이고 ❷ 내가 누구이며 ❸ 내가 어떠한 사람인지 영어 문장으로 만들고, 듣고, 따라 말하며 써 보도록 할게요.

MP3 01-1

❶ I am Kai.

저는 카이예요.

am/are/is = ~이다 (*주어가 'I(나는)'일 땐 am/are/is 중 am을 사용해요.)		
주어	동사	주격 보어
I 나는	am 이다	Kai 카이

I am Kai.

MP3 01-2

❷ I am a student.

저는 학생이에요.

student = 학생 / a = '1개·1명'인 물건이나 사람 앞에 붙여서 사용		
주어	동사	주격 보어
I 나는	am 이다	a student 1명의 학생

I am a student.

③ I am a happy person.

저는 행복한 사람이에요.

happy = 행복한 / person = 사람 → happy person = 행복한 사람		
주어	동사	주격 보어
I 나는	am 이다	a happy person 1명의 행복한 사람

I am a happy person.

앞서 배운 세 문장을 연결해 짧은 영어 글을 써 보세요.

- **I am Kai.**
  (저는 카이예요.)

- **I am a student.**
  (저는 학생이에요.)

- **I am a happy person.**
  (저는 행복한 사람이에요.)

오늘은 ❶ 나는 한국 사람이고 ❷ 한국에 살고 있으며 ❸ 부모님과 함께 살고 있다는 말을 영어 문장으로 만들고, 듣고, 따라 말하며 써 보도록 할게요.

❶ I am Korean.

MP3 02-1

저는 한국 사람이에요.

Korean = 한국 사람 (*국적을 말할 땐 앞에 **a**를 안 붙이고, 앞 글자가 항상 대문자예요.)		
주어	동사	주격 보어
I 나는	**am** 이다	**Korean** 한국 사람

I am Korean.

❷ I live in Korea.

MP3 02-2

저는 한국에 살아요.

live = 살다 / in = ~안[속]에서 / Korea = 한국 (*앞 글자가 항상 대문자)		
주어	동사	전치사구
I 나는	**live** 산다	**in Korea** 한국에

I live in Korea.

③ I live with my family.

저는 가족과 함께 살아요.

with = ~와[과] 함께 / my = 나의 / family = 가족		
주어	동사	전치사구
I 나는	live 산다	with my family 나의 가족과 함께

I live with my family.

앞서 배운 세 문장을 연결해 짧은 영어 글을 써 보세요.

- **I am Korean.**
  (저는 한국 사람이에요.)

- **I live in Korea.**
  (저는 한국에 살아요.)

- **I live with my family.**
  (저는 가족과 함께 살아요.)

오늘은 ❶ 내가 엄마 아빠를 사랑하고 ❷ 아빠는 어떻게 생겼고 ❸ 엄마는 성격이 어떤지
영어 문장으로 만들고, 듣고, 따라 말하며 써 보도록 할게요.

❶ I love my mom and dad.

MP3 03-1

저는 우리 엄마와 아빠를 사랑해요.

love = 사랑하다 / mom = 엄마 / dad = 아빠 / A and B = A와 B		
주어	동사	목적어
I 나는	love 사랑한다	my mom and dad 나의 엄마와 아빠를

I love my mom and dad.

❷ My dad is tall.

MP3 03-2

우리 아빠는 키가 커요.

am/are/is = ~이다 (주어가 '나, 너'가 아닌 '1명·1개인 제3의 대상'일 is를 써요) / tall = 키가 큰		
주어	동사	주격 보어
My dad 나의 아빠는	is 이다	tall 키가 큰 (외모)

My dad is tall.

 **3 My mom is friendly.**

우리 엄마는 다정해요.

friendly = 다정한, 사교적인		
주어	동사	주격 보어
My mom 나의 엄마는	**is** 이다	**friendly** 다정한 (성격)

My mom is friendly.

앞서 배운 세 문장을 연결해 짧은 영어 글을 써 보세요.

- **I love my mom and dad.**

  (저는 우리 엄마와 아빠를 사랑해요.)

- **My dad is tall.**

  (우리 아빠는 키가 커요.)

- **My mom is friendly.**

  (우리 엄마는 다정해요.)

오늘은 ❶ 너는 정말 친절하고 ❷ 너는 나의 가장 친한 친구이고 ❸ 우리는 좋은 친구라는 말을 영어 문장으로 만들고, 듣고, 따라 말하며 써 보도록 할게요.

❶ You are so kind.

MP3 04-1

너는 정말 친절해.

주어가 '너(You), 우리(We)'일 땐 are을 써요. / so = 정말 / kind = 친절한		
주어	동사	주격 보어
You 너는	**are** 이다	**so kind** 정말 친절한 (성격)

You are so kind.

❷ You are my best friend.

MP3 04-2

너는 나랑 제일 친한 친구야.

best = 최고의 / friend = 친구 → best friend = 최고의 친구, 가장 친한 친구		
주어	동사	주격 보어
You 너는	**are** 이다	**my best friend** 나의 가장 친한 친구

You are my best friend.

③ We are good friends.

우리는 좋은 친구야.

good = 좋은 / 어떤 사람이나 물건이 '2명·2개 이상'일 땐 단어 끝에 '-s'를 붙여요.		
주어	동사	주격 보어
We 우리는	**are** 이다	**good friends** 좋은 친구들

We are good friends.

앞서 배운 세 문장을 연결해 짧은 영어 글을 써 보세요.

- **You are so kind.**

  (너는 정말 친절해.)

- **You are my best friend.**

  (너는 나랑 제일 친한 친구야.)

- **We are good friends.**

  (우리는 좋은 친구야.)

 나의 남자 형제

오늘은 ❶ 나에게 남자 형제가 있고 ❷ 그의 성격이 어떻고 ❸ 그가 무엇을 사랑하는지
영어 문장으로 만들고, 듣고, 따라 말하며 써 보도록 할게요.

❶ I have a brother.

MP3 05-1

저는 남자 형제가 한 명 있어요.

have = 가지고 있다 / brother = 남자 형제 (형, 오빠, 남동생)		
주어	동사	목적어
I 나는	have 가지고 있다	a brother 1명의 남자 형제를

I have a brother.

❷ He is very active.

MP3 05-2

그는 매우 활동적이에요.

He/She = 그/그녀 (*주어가 'He, She'일 땐 is를 사용) / very = 매우 / active = 활동적인		
주어	동사	주격 보어
He 그는	is 이다	very active 매우 활동적인 (성격)

He is very active.

③ He is also very smart.

그는 또한 매우 똑똑해.

smart = 똑똑한 / also = 또한			
주어	동사	부사	주격 보어
He 그는	is 이다	also 또한	very smart 매우 똑똑한 (성격)

He is also very smart.

앞서 배운 세 문장을 연결해 짧은 영어 글을 써 보세요.

- **I have a brother.**

  (저는 남자 형제가 한 명 있어요.)

- **He is very active.**

  (그는 매우 활동적이에요.)

- **He is also very smart.**

  (그는 또한 매우 똑똑해요.)

오늘은 ❶ 나에게 여자 형제들이 있고 ❷ 그들이 누구이고 ❸ 그들이 무엇을 사랑하는지
영어 문장으로 만들고, 듣고, 따라 말하며 써 보도록 할게요.

❶ I have two sisters.

MP3 06-1

저는 여자 형제가 두 명 있어요.

two = 2개[2명]의 / sister = 여자 형제 (누나, 언니, 여동생)		
주어	동사	목적어
I 나는	have 가지고 있다	two sisters 2명의 여자 형제들을

I have two sisters.

❷ They are my younger sisters.

MP3 06-2

그들은 제 여동생이에요.

They = 그들 (*주어가 They일 땐 are을 사용) / younger = 더 어린		
주어	동사	주격 보어
They 그들은	are 이다	my younger sisters 나의 여동생들

They are my younger sisters.

③ They love dogs so much.

그들은 개를 정말 많이 사랑해요.

love = 사랑하다 / dog = 개 / so much = 정말 많이			
주어	동사	목적어	부사
They 그들은	**love** 사랑한다	**dogs** 개들을	**so much** 정말 많이

They love dogs so much.

앞서 배운 세 문장을 연결해 짧은 영어 글을 써 보세요.

- **I have two sisters.**
  (저는 여자 형제가 두 명 있어요.)

- **They are my younger sisters.**
  (그들은 제 여동생이에요.)

- **They love dogs so much.**
  (그들은 개를 정말 많이 사랑해요.)

오늘은 ❶ 좋아하는 동물 ❷ 내가 가진 애완동물 ❸ 그리고 애완동물의 이름이 뭔지
영어 문장으로 만들고, 듣고, 따라 말하며 써 보도록 할게요.

❶ I like dogs so much.

MP3 07-1

저는 개를 정말 많이 좋아해요.

like = 좋아하다 / dog = 개 / so much = 정말 많이			
주어	동사	목적어	부사구
I 나는	**like** 좋아한다	**dogs** 개들을	**so much** 정말 많이

I like dogs so much.

❷ I have a pet dog.

MP3 07-2

저는 애완견이 있어요.

have = 가지고 있다 / pet dog = 애완용 개, 애완견		
주어	동사	목적어
I 나는	**have** 가지고 있다	**a pet dog** 1마리의 애완견을

I have a pet dog.

 **Her name is Pinky.**

그녀[저의 개]의 이름은 핑키예요.

her = 그녀의 (동물도 '암컷(**she**(그녀)), 수컷(**he**(그))'과 같이 부를 수 있습니다.) / **name** = 이름		
주어	동사	주격 보어
Her name 그녀의 이름은	**is** 이다	**Pinky** 핑키

Her name is Pinky.

앞서 배운 세 문장을 연결해 짧은 영어 글을 써 보세요.

- **I like dogs so much.**

  (저는 개를 정말 많이 좋아해요.)

- **I have a pet dog.**

  (저는 애완견이 있어요.)

- **Her name is Pinky.**

  (그녀의 이름은 핑키예요.)

08 좋아하는 음식

오늘은 ❶ 내가 어떤 음식을 좋아하고 ❷ 그걸 언제 먹고 ❸ 그걸 먹으면 어떤 기분인지
영어 문장으로 만들고, 듣고, 따라 말하며 써 보도록 할게요.

MP3 08-1

❶ I love pizza.

저는 피자를 굉장히 좋아해요.

love = 사랑하다, 굉장히 좋아하다 / pizza = 피자		
주어	동사	목적어
I 나는	love 굉장히 좋아한다	pizza 피자를

I love pizza.

MP3 08-2

❷ I eat pizza on weekends.

저는 주말에 피자를 먹어요.

eat = 먹다 / weekend = 주말 → on weekends = 주말에, 주말마다			
주어	동사	목적어	전치사구
I 나는	eat 먹는다	pizza 피자를	on weekends 주말에

I eat pizza on weekends.

③ I am happy when I eat pizza.

저는 피자를 먹을 때 행복해요.

happy = 행복한 / [시간 부사절] when+문장 = ~일 때			
주어	동사	주격 보어	부사절
I 나는	am 이다	happy 행복한 (기분)	when I eat pizza 내가 피자를 먹을 때

I am happy when I eat pizza.

앞서 배운 세 문장을 연결해 짧은 영어 글을 써 보세요.

- **I love pizza.**

  (저는 피자를 굉장히 좋아해요.)

- **I eat pizza on weekends.**

  (저는 주말에 피자를 먹어요.)

- **I am happy when I eat pizza.**

  (저는 피자를 먹을 때 행복해요.)

오늘은 ❶ 좋아하는 색깔 ❷ 좋아하는 색깔의 옷 ❸ 좋아하는 색깔의 모자가 무엇인지
영어 문장으로 만들고, 듣고, 따라 말하며 써 보도록 할게요.

MP3 09-1

❶ Blue is my favorite color.

파란색은 제가 가장 좋아하는 색깔이에요.

blue = 파란색(인) / favorite = 가장 좋아하는 / color = 색깔		
주어	동사	주격 보어
Blue 파란색은	**is** 이다	**my favorite color** 나의 가장 좋아하는 색깔

Blue is my favorite color.

MP3 09-2

❷ I like blue clothes.

저는 파란색 옷을 좋아해요.

like = 좋아하다 / clothes = 옷 → blue clothes = 파란색 옷		
주어	동사	목적어
I 나는	**like** 좋아한다	**blue clothes** 파란색 옷을

I like blue clothes.

③ I like blue hats too.

저는 파란색 모자도 좋아해요.

hat = 모자 → blue hat = 파란색 모자 / too = 또한, ~도			
주어	동사	목적어	부사
I 나는	**like** 좋아한다	**blue hats** 파란색 모자들을	**too** 또한(~도)

I like blue hats too.

앞서 배운 세 문장을 연결해 짧은 영어 글을 써 보세요.

- **Blue is my favorite color.**

  (파란색은 제가 가장 좋아하는 색깔이에요.)

- **I like blue clothes.**

  (저는 파란색 옷을 좋아해요.)

- **I like blue hats too.**

  (저는 파란색 모자도 좋아해요.)

오늘은 ❶ 음악을 좋아하는데 ❷ 어떤 음악을 좋아하고 ❸ 가장 좋아하는 노래가 뭔지 영어 문장으로 만들고, 듣고, 따라 말하며 써 보도록 할게요.

MP3 10-1

❶ My friend likes music so much.

제 친구는 음악을 정말 많이 좋아해요.

주어가 'He, She, 1명·1개인 사람이나 물건'일 땐 동사 뒤에 '-s'를 붙여서 말해야 해요.			
주어	동사	목적어	부사구
My friend	**likes**	**music**	**so much**
나의 친구는	좋아한다	음악을	정말 많이

My friend likes music so much.

MP3 10-2

❷ He likes K-pop the best.

그는 케이팝을 제일 좋아해요.

영어에선 제3자가 남자면 He(그), 여자면 She(그녀)라고 가리켜요. / the best = 가장 많이			
주어	동사	목적어	부사구
He	**likes**	**K-pop**	**the best**
그는	좋아한다	케이팝을	가장 많이

He likes K-pop the best.

③ His favorite song is "Golden".

그가 가장 좋아하는 노래는 "골든"이에요.

his = 그의 / favorite = 가장 좋아하는 / song = 노래		
주어	동사	주격 보어
His favorite song 그의 가장 좋아하는 노래는	**is** 이다	**"Golden"** "골든"

His favorite song is "Golden".

앞서 배운 세 문장을 연결해 짧은 영어 글을 써 보세요.

- **My friend likes music so much.**

  (제 친구는 음악을 정말 많이 좋아해요.)

- **He likes K-pop the best.**

  (그는 케이팝을 제일 좋아해요.)

- **His favorite song is "Golden".**

  (그가 가장 좋아하는 노래는 "골든"이에요.)

오늘은 ❶ 큰 눈을 갖고 있고 ❷ 둥근 코를 갖고 있으며 ❸ 작은 입을 갖고 있다는 말을 영어 문장으로 만들고, 듣고, 따라 말하며 써 보도록 할게요.

MP3 11-1

❶ I have big eyes.

저는 큰 눈을 갖고 있어요. (저는 눈이 커요.)

have = 가지고 있다 / big = 큰 / eye = 눈		
주어	동사	목적어
I 나는	have 가지고 있다	big eyes 큰 (2개의) 눈들을

I have big eyes.

MP3 11-2

❷ I have a round nose.

저는 둥근 코를 갖고 있어요. (저는 코가 둥글어요.)

round = 둥근 / nose = 코		
주어	동사	목적어
I 나는	have 가지고 있다	a round nose 둥근 코를

I have a round nose.

③ I have a small mouth.

저는 작은 입을 갖고 있어요. (저는 입이 작아요.)

small = 작은 / mouth = 입		
주어	동사	목적어
I 나는	have 가지고 있다	a small mouth 작은 입을

I have a small mouth.

앞서 배운 세 문장을 연결해 짧은 영어 글을 써 보세요.

- **I have big eyes.**

  (저는 눈이 커요.)

- **I have a round nose.**

  (저는 코가 둥글어요.)

- **I have a small mouth.**

  (저는 입이 작아요.)

머리, 팔, 다리, 목소리

오늘은 ❶ 머리카락이 짧고 ❷ 팔과 다리가 길고 ❸ 목소리가 아름답다는 말을 영어 문장으로 만들고, 듣고, 따라 말하며 써 보도록 할게요.

MP3 12-1

❶ He has short hair.

그는 짧은 머리카락을 갖고 있어요. (그는 머리가 짧아요.)

주어가 'He, She, 1명·1개인 대상'일 땐 have → has / short = 짧은 / hair = 머리카락		
주어	동사	목적어
He 그는	has 가지고 있다	short hair 짧은 머리카락을

He has short hair.

MP3 12-2

❷ He has long arms and legs.

그는 긴 팔과 긴 다리를 갖고 있어요. (그는 팔과 다리가 길어요.)

long = 긴 / arm = 팔 / leg = 다리		
주어	동사	목적어
He 그는	has 가지고 있다	long arms and legs 긴 (2개의) 팔들과 다리들을

He has long arms and legs.

3 He has a beautiful voice.

그는 아름다운 목소리를 갖고 있어요. (그는 목소리가 아름다워요.)

beautiful = 아름다운 / voice = 목소리		
주어	동사	목적어
He 그는	**has** 가지고 있다	**a beautiful voice** 아름다운 목소리를

He has a beautiful voice.

앞서 배운 세 문장을 연결해 짧은 영어 글을 써 보세요.

- **He has short hair.**
  (그는 머리가 짧아요.)

- **He has long arms and legs.**
  (그는 팔과 다리가 길어요.)

- **He has a beautiful voice.**
  (그는 목소리가 아름다워요.)

오늘은 ❶ 내가 안 좋아하고 ❷ 남이 안 좋아하고 ❸ 같이 안 좋아하는 음식이 뭔지 영어 문장으로 만들고, 듣고, 따라 말하며 써 보도록 할게요.

MP3 13-1

❶ I don't like cheese.

저는 치즈를 안 좋아해요.

주어가 'I, You, We, They, 2개 이상의 대상'일 땐 'don't+동사(~하지 않는다)' / cheese = 치즈		
주어	동사	목적어
I 나는	don't like 좋아하지 않는다	cheese 치즈를

I don't like cheese.

MP3 13-2

❷ My dad doesn't like pizza.

우리 아빠는 피자를 안 좋아해요.

주어가 'He, She, 1명·1개인 제3의 대상'일 땐 'doesn't+동사(~하지 않는다)'		
주어	동사	목적어
My dad 나의 아빠는	doesn't like 좋아하지 않는다	pizza 피자를

My dad doesn't like pizza.

③ We don't like cheese pizza.

우리는 치즈 피자를 안 좋아해요.

(주어가 **We**이므로) **don't like** = 좋아하지 않는다		
주어	동사	목적어
We 우리는	**don't like** 좋아하지 않는다	**cheese pizza** 치즈 피자를

We don't like cheese pizza.

앞서 배운 세 문장을 연결해 짧은 영어 글을 써 보세요.

- **I don't like cheese.**

  (저는 치즈를 안 좋아해요.)

- **My dad doesn't like pizza.**

  (우리 아빠는 피자를 안 좋아해요.)

- **We don't like cheese pizza.**

  (우리는 치즈 피자를 안 좋아해요.)

없는 것

오늘은 ❶ 남자 형제가 없고 ❷ 여자 형제가 없고 ❸ 그래서 형재자매가 하나도 없다는 말을 영어 문장으로 만들고, 듣고, 따라 말하며 써 보도록 할게요.

MP3 14-1

❶ I don't have a brother.

저는 남자 형제가 없어요.

주어가 'I, You, We, They, 2개 이상의 대상'일 땐 'don't+동사(~하지 않다)'		
주어	동사	목적어
I 나는	don't have 가지고 있지 않다	a brother 남자 형제를

I don't have a brother.

MP3 14-2

❷ My friend doesn't have a sister.

제 친구는 여자 형제가 없어요.

주어가 'He, She, 1명·1개인 제3의 대상'일 땐 'doesn't+동사(~하지 않다)'		
주어	동사	목적어
My friend 나의 친구는	doesn't have 가지고 있지 않다	a sister 여자 형제를

My friend doesn't have a sister.

③ We don't have siblings.

우리는 형제자매가 없어요.

(주어가 **We**이므로) **don't have** = 가지고 있지 않다 / **sibling** = 형제자매		
주어	동사	목적어
We 우리는	**don't have** 가지고 있지 않다	**siblings** 형제자매를

We don't have siblings.

앞서 배운 세 문장을 연결해 짧은 영어 글을 써 보세요.

- **I don't have a brother.**

  (저는 남자 형제가 없어요.)

- **My friend doesn't have a sister.**

  (제 친구는 여자 형제가 없어요.)

- **We don't have siblings.**

  (우리는 형제자매가 없어요.)

오늘은 ❶ 나는 피곤하지 않고 ❷ 그는 피곤하지 않고 ❸ 그래서 우리는 전혀 안 피곤하다는 말을 영어 문장으로 만들고, 듣고, 따라 말하며 써 보도록 할게요.

MP3 15-1

❶ I am not tired.

저는 피곤하지 않아요.

'am/are/is(~이다)'를 '~이[가] 아니다'라고 바꿀 땐 뒤에 'not'을 붙이면 돼요. / **tired** = 피곤한		
주어	동사	주격 보어
I 나는	**am not** 이[가] 아니다	**tired** 피곤한 (상태)

I am not tired.

MP3 15-2

❷ He is not tired.

그는 피곤하지 않아요.

He is ~ = 그는 ~이다 → **He is not ~** = 그는 ~이[가] 아니다		
주어	동사	주격 보어
He 그는	**is not** 이[가] 아니다	**tired** 피곤한 (상태)

He is not tired.

❸ We are not tired at all.

우리는 전혀 피곤하지 않아요.

We are ~ = 우리는 ~이다 → We are not ~ = 우리는 ~이[가] 아니다 / at all = 전혀			
주어	동사	주격 보어	부사구
We 우리는	**are not** 이[가] 아니다	**tired** 피곤한 (상태)	**at all** 전혀

We are not tired at all.

앞서 배운 세 문장을 연결해 짧은 영어 글을 써 보세요.

- **I am not tired.**

  (저는 피곤하지 않아요.)

- **He is not tired.**

  (그는 피곤하지 않아요.)

- **We are not tired at all.**

  (우리는 전혀 피곤하지 않아요.)

오늘은 ❶ 아침에 일찍 일어나고 ❷ 일어나서 화장실에 가고 ❸ 세수를 한다는 말을 영어 문장으로 만들고, 듣고, 따라 말하며 써 보도록 할게요.

MP3 16-1

❶ I wake up early.

저는 일찍 일어나요.

wake up = 일어나다 / early = 일찍		
주어	동사	부사
I 나는	wake up 일어난다	early 일찍

I wake up early.

MP3 16-2

❷ I go to the bathroom.

저는 화장실로 가요.

go = 가다 / to = ~(으)로, ~까지 / bathroom = 화장실		
주어	동사	전치사구
I 나는	go 간다	to the bathroom 화장실로

I go to the bathroom.

❸ I wash my face.

저는 세수를 해요.

wash = 씻다 / face = 얼굴		
주어	동사	목적어
I 나는	**wash** 씻는다	**my face** 나의 얼굴을

I wash my face.

앞서 배운 세 문장을 연결해 짧은 영어 글을 써 보세요.

- **I wake up early.**
  (저는 일찍 일어나요.)

- **Next, I go to the bathroom.**
  (그 다음, 저는 화장실에 가요.)

- **After that, I wash my face.**
  (그 뒤, 저는 세수를 해요.)

오늘은 ❶ 아침을 먹으면서 ❷ 가족들과 이야기하고 ❸ 밥을 먹은 후 이를 닦는다는 말을
영어 문장으로 만들고, 듣고, 따라 말하며 써 보도록 할게요.

MP3 17-1

❶ I eat breakfast with my family.

저는 아침을 먹어요.

eat = 먹다 / breakfast = 아침식사 / with = ~와[과] 함께 / family = 가족			
주어	동사	목적어	전치사구
I 나는	eat 먹는다	breakfast 아침식사를	with my family 나의 가족과 함께

I eat breakfast with my family.

MP3 17-2

❷ I talk with them during breakfast.

아침을 먹는 동안 저는 그들[가족]과 이야기해요.

talk = 이야기하다 / them = 그들 / during = ~동안			
주어	동사	전치사구	전치사구
I 나는	talk 이야기한다	with them 그들과 함께	during breakfast 아침식사 동안

I talk with them during breakfast.

3 I brush my teeth.

저는 이를 닦아요.

brush = 닦다 / teeth = (여러 개의) 이빨 (*이빨 1개는 tooth)		
주어	동사	목적어
I 나는	**brush** 닦는다	**my teeth** 나의 이빨을

I brush my teeth.

앞서 배운 세 문장을 연결해 짧은 영어 글을 써 보세요.

- **I eat breakfast with my family.**
  (저는 가족과 아침을 먹어요.)

- **I talk with them during breakfast.**
  (아침을 먹는 동안 저는 가족과 이야기해요.)

- **After that, I brush my teeth.**
  (그 뒤, 저는 이를 닦아요.)

DAY 18 준비하고 학교 가기

오늘은 ❶ 신발을 신고 ❷ 가족에게 인사한 다음 ❸ 친구와 함께 학교에 걸어간다는 말을 영어 문장으로 만들고, 듣고, 따라 말하며 써 보도록 할게요.

❶ I put on my shoes.

저는 신발을 신어요.

MP3 18-1

put on = 신다, 입다 / shoes = 신발		
주어	동사	목적어
I 나는	put on 신는다	my shoes 나의 신발을

I put on my shoes.

❷ I say goodbye to my family.

저는 가족들에게 인사해요.

MP3 18-2

say = 말하다 / goodbye = 안녕 / to = ~에게, ~까지 / family = 가족			
주어	동사	목적어	전치사구
I 나는	say 말한다	goodbye '안녕'을	to my family 나의 가족에게

I say goodbye to my family.

3 I walk to school with my friend.

저는 친구와 함께 학교까지 걸어가요.

walk = 걷다 / school = 학교 / with = ~와[과] 함께 / friend = 친구			
주어	동사	전치사구	전치사구
I 나는	walk 걷는다	to school 학교까지	with my friend 나의 친구와 함께

I walk to school with my friend.

앞서 배운 세 문장을 연결해 짧은 영어 글을 써 보세요.

- **I put on my shoes.**

  (저는 신발을 신어요.)

- **Next, I say goodbye to my family.**

  (그 다음, 저는 가족에게 인사해요.)

- **Then I walk to school with my friend.**

  (그리고 나서 저는 친구와 함께 학교까지 걸어가요.)

오늘은 ❶ 책상에 앉아서 ❷ 선생님 말씀에 귀 기울이고 ❸ 공책에 필기를 한다는 말을 영어 문장으로 만들고, 듣고, 따라 말하며 써 보도록 할게요.

❶ I sit at my desk.

저는 제 책상에 앉아요.

MP3 19-1

sit = 앉다 / at = ~에 / desk = 책상		
주어	동사	전치사구
I 나는	sit 앉는다	at my desk 나의 책상에

I sit at my desk.

❷ I listen to my teacher.

저는 선생님 말씀에 귀 기울여요.

MP3 19-2

listen = 듣다, 귀 기울이다 / to = ~에게 / teacher = 선생님		
주어	동사	전치사구
I 나는	listen 귀 기울인다	to my teacher 나의 선생님에게

I listen to my teacher.

3 I write in my notebook during class.

수업 동안 저는 제 공책에 필기를 해요.

write = 쓰다, 필기하다 / in = ~안[속]에 / notebook = 공책 / class = 수업			
주어	동사	전치사구	전치사구
I 나는	write 필기한다	in my notebook 나의 공책 속에	during class 수업 시간 동안

I write in my notebook during class.

앞서 배운 세 문장을 연결해 짧은 영어 글을 써 보세요.

- **I sit at my desk.**

  (저는 제 책상에 앉아요.)

- **After that, I listen to my teacher.**

  (그 뒤, 저는 선생님 말씀에 귀 기울여요.)

- **I write in my notebook during class.**

  (수업 동안 저는 제 공책에 필기를 해요.)

점심시간에 밥 먹기

오늘은 ❶ 점심시간에 밥을 먹으면서 ❷ 친구들과 대화하고 ❸ 먹고 나면 배부르다는 말을 영어 문장으로 만들고, 듣고, 따라 말하며 써 보도록 할게요.

❶ I eat lunch with my classmates.

MP3 20-1 

저는 반 친구들과 점심을 먹어요.

eat = 먹다 / lunch = 점심(식사) / with = ~와[과] 함께 / classmate = 반 친구			
주어	동사	목적어	전치사구
I 나는	eat 먹는다	lunch 점심식사를	with my classmates 나의 반 친구들과 함께

I eat lunch with my classmates.

❷ I talk with them during lunch.

MP3 20-2 

저는 점심을 먹으며 그들[반 친구들]과 이야기해요.

talk = 이야기하다 / them = 그들 / during = ~동안			
주어	동사	전치사구	전치사구
I 나는	talk 이야기한다	with them 그들과 함께	during lunch 점심식사 동안

I talk with them during lunch.

③ After the meal, I feel full.

밥을 먹고 나면, 저는 배불러요.

after = ~후에 / meal = 식사 / feel = 느끼다 / full = 배부른			
전치사구	주어	동사	주격 보어
After the meal, 식사 후에	**I** 나는	**feel** 느낀다	**full** 배부른 (기분을)

After the meal, I feel full.

앞서 배운 세 문장을 연결해 짧은 영어 글을 써 보세요.

- **I eat lunch with my classmates.**

  (저는 반 친구들과 점심을 먹어요.)

- **I talk with them during lunch.**

  (저는 점심을 먹으며 반 친구들과 이야기해요.)

- **After the meal, I feel full.**

  (밥을 먹고 나면, 저는 배불러요.)

쉬는 시간에 놀기

오늘은 ❶ 쉬는 시간에 친구들과 놀고 ❷ 함께 미끄럼틀을 타고 ❸ 그네도 타며 논다는 말을 영어 문장으로 만들고, 듣고, 따라 말하며 써 보도록 할게요.

❶ I play with my friends.

MP3 21-1

저는 친구들과 놀아요.

play = 놀다 / with = ~와[과] 함께 / friend = 친구		
주어	동사	전치사구
I 나는	**play** 논다	**with my friends** 나의 친구들과 함께

I play with my friends.

❷ We play on the slide.

MP3 21-2

우리는 미끄럼틀을 타고 놀아요.

on = ~위에서 / slide = 미끄럼틀		
주어	동사	전치사구
We 우리는	**play** 논다	**on the slide** 미끄럼틀 위에서

We play on the slide.

③ We also play on the swings.

우리는 그네도 타고 놀아요.

also = 또한 / swing = 그네			
주어	부사	동사	전치사구
We 우리는	**also** 또한	**play** 논다	**on the swings** 그네 위에서

We also play on the swings.

앞서 배운 세 문장을 연결해 짧은 영어 글을 써 보세요.

- **I play with my friends.**
  (저는 친구들과 놀아요.)

- **We play on the slide.**
  (우리는 미끄럼틀을 타고 놀아요.)

- **We also play on the swings.**
  (우리는 그네도 타고 놀아요.)

학교 수업 끝내기

오늘은 ❶ 수업이 끝나고 가방을 싸고 ❷ 친구들에게 인사하고 ❸ 선생님에게 인사하는 것을 영어 문장으로 만들고, 듣고, 따라 말하며 써 보도록 할게요.

❶ I pack my bag.

MP3 22-1

저는 제 가방을 싸요.

pack = (짐을) 싸다 / bag = 가방		
주어	동사	목적어
I 나는	**pack** 싼다	**my bag** 나의 가방을

I pack my bag.

❷ I say goodbye to my friends.

MP3 22-2

저는 친구들에게 작별 인사를 해요.

say = 말하다 / goodbye = (작별 인사) 안녕 / to = ~에게			
주어	동사	목적어	전치사구
I 나는	**say** 말한다	**goodbye** '안녕'을	**to my friends** 나의 친구들에게

I say goodbye to my friends.

 **I also say goodbye to my teacher.**

저는 선생님에게도 작별 인사를 해요.

주어	부사	동사	목적어	전치사구
			also = 또한 / teacher = 선생님	
I	also	say	goodbye	to my teacher
나는	또한	말한다	'안녕'을	나의 선생님에게

I also say goodbye to my teacher.

앞서 배운 세 문장을 연결해 짧은 영어 글을 써 보세요.

- **I pack my bag.**
  (저는 제 가방을 싸요.)

- **I say goodbye to my friends.**
  (저는 친구들에게 작별 인사를 해요.)

- **I also say goodbye to my teacher.**
  (저는 선생님에게도 작별 인사를 해요.)

집에 돌아오기

오늘은 ❶ 집에 와서 신발을 벗고 ❷ 엄마에게 인사하고 ❸ 엄마가 안아 주며 반기는 것을
영어 문장으로 만들고, 듣고, 따라 말하며 써 보도록 할게요.

MP3 23-1

❶ I take off my shoes.

저는 신발을 벗어요.

take off = (신발을) 벗다 / shoes = (한 켤레의) 신발		
주어	동사	목적어
I 나는	**take off** 벗는다	**my shoes** 나의 신발을

I take off my shoes.

MP3 23-2

❷ I say "I'm home" to my mom.

저는 우리 엄마에게 "저 집에 왔어요"라고 말해요.

say = 말하다 / I'm home = 저 집에 왔어요			
주어	동사	목적어	전치사구
I 나는	**say** 말한다	**"I'm home"** "저 집에 왔어요"를	**to my mom** 나의 엄마에게

I say "I'm home" to my mom.

 ## ❸ My mom hugs and welcomes me.

우리 엄마는 저를 껴안고 반겨 주세요.

hug = 껴안다 / welcome = 반기다, 환영하다 / me = 나(를)		
주어	동사	목적어
My mom 나의 엄마는	**hugs and welcomes** 껴안고 반긴다	**me** 나를

My mom hugs and welcomes me.

앞서 배운 세 문장을 연결해 짧은 영어 글을 써 보세요.

- **I take off my shoes.**

  (저는 신발을 벗어요.)

- **I say "I'm home" to my mom.**

  (저는 우리 엄마에게 "저 집에 왔어요"라고 말해요.)

- **My mom hugs and welcomes me.**

  (우리 엄마는 저를 껴안고 반겨 주세요.)

오늘은 ❶ 집에서 숙제를 하고 ❷ 엄마가 많이 도와주고 ❸ 저녁식사 전에 숙제를 끝낸다는 말을 영어 문장으로 만들고, 듣고, 따라 말하며 써 보도록 할게요.

MP3 24-1

❶ I do my homework at home.

저는 집에서 숙제를 해요.

do = 하다 / homework = 숙제 / at = ~에서 / home = 집			
주어	동사	목적어	전치사구
I 나는	do 한다	my homework 나의 숙제를	at home 집에서

I do my homework at home.

MP3 24-2

❷ My mom helps me a lot.

우리 엄마가 저를 많이 도와주세요.

help = 도와주다 / me = 나(를) / a lot = 많이			
주어	동사	목적어	부사
My mom 나의 엄마가	helps 도와준다	me 나를	a lot 많이

My mom helps me a lot.

③ I finish my homework before dinner.

저는 저녁식사 전에 숙제를 끝내요.

	finish = 끝내다 / before = ~전에 / dinner = 저녁식사		
주어	동사	목적어	전치사구
I 나는	finish 끝낸다	my homework 나의 숙제를	before dinner 저녁식사 전에

I finish my homework before dinner.

앞서 배운 세 문장을 연결해 짧은 영어 글을 써 보세요.

- **I do my homework at home.**

  (저는 집에서 숙제를 해요.)

- **My mom helps me a lot.**

  (우리 엄마는 저를 많이 도와주세요.)

- **I finish my homework before dinner.**

  (저는 저녁식사 전에 숙제를 끝내요.)

방에서 쉬기

오늘은 ❶ 방에서 쉬면서 ❷ 가끔 책을 읽거나 ❸ 가끔 게임을 한다는 말을 영어 문장으로 만들고, 듣고, 따라 말하며 써 보도록 할게요.

MP3 25-1

❶ I rest in my room.

저는 제 방에서 쉬어요.

rest = 쉬다 / in = ~안[속]에서 / room = 방		
주어	동사	전치사구
I 나는	rest 쉰다	in my room 나의 방에서

I rest in my room.

MP3 25-2

❷ Sometimes I read a book.

가끔 저는 책을 읽어요.

sometimes = 가끔, 때때로 / read = 읽다 / book = 책			
부사	주어	동사	목적어
Sometimes 가끔	I 나는	read 읽는다	a book 책을

Sometimes I read a book.

 ## **Sometimes I play games.**

가끔 저는 게임을 해요.

play = (게임, 운동을) 하다 / game = 게임			
부사	주어	동사	목적어
Sometimes 가끔	**I** 나는	**play** 한다	**games** 게임을

Sometimes I play games.

앞서 배운 세 문장을 연결해 짧은 영어 글을 써 보세요.

- **I rest in my room.**

  (저는 제 방에서 쉬어요.)

- **Sometimes I read a book.**

  (가끔 저는 책을 읽어요.)

- **Sometimes I play games.**

  (가끔 저는 게임을 해요.)

 부모님 돕기

오늘은 ① 가끔씩 부모님을 돕는데 ② 엄마의 설거지를 돕고 ③ 아빠의 청소를 돕는다는 말을 영어 문장으로 만들고, 듣고, 따라 말하며 써 보도록 할게요.

MP3 26-1

① Sometimes I help my parents.

가끔 저는 부모님을 도와드려요.

sometimes = 가끔, 때때로 / help = 돕다 / parents = 부모님			
부사	주어	동사	목적어
Sometimes 가끔	I 나는	help 돕는다	my parents 나의 부모님을

Sometimes I help my parents.

MP3 26-2

② I help my mom wash the dishes.

저는 우리 엄마가 그릇 닦는 걸 도와드려요.

help+사람+동사 = ~이[가] ~하는 걸 돕다 / wash = 씻다, 닦다 / dish = 그릇			
주어	동사	목적어	목적격 보어
I 나는	help 돕는다	my mom 나의 엄마가	wash the dishes 그릇들을 닦는 걸

I help my mom wash the dishes.

 **3 I help my dad clean the house.**

저는 우리 아빠가 집을 청소하는 걸 도와드려요.

clean = 청소하다 / house = 집			
주어	동사	목적어	목적격 보어
I 나는	help 돕는다	my dad 나의 아빠가	clean the house 집을 청소하는 걸

I help my dad clean the house.

앞서 배운 세 문장을 연결해 짧은 영어 글을 써 보세요.

- **Sometimes I help my parents.**
  (가끔 저는 부모님을 도와드려요.)

- **I help my mom wash the dishes.**
  (저는 우리 엄마가 그릇 닦는 걸 도와드려요.)

- **I help my dad clean the house.**
  (저는 우리 아빠가 집을 청소하는 걸 도와드려요.)

오늘은 ① 형제자매를 많이 도와주는데 ② 숙제하는 걸 돕고 ③ 공부하는 걸 돕는다는 말을 영어 문장으로 만들고, 듣고, 따라 말하며 써 보도록 할게요.

① I help my brother and sister a lot.

MP3 27-1

저는 제 남동생과 여동생을 많이 도와줘요.

주어	동사	목적어	부사
brother = 남자 형제 (형, 오빠, 남동생) / **sister** = 여자 형제 (누나, 언니, 여동생) / **a lot** = 많이			
I 나는	help 돕는다	my brother and sister 나의 남동생과 여동생을	a lot 많이

I help my brother and sister a lot.

② I help my sister do her homework.

MP3 27-2

저는 제 여동생이 숙제하는 걸 도와줘요.

주어	동사	목적어	목적격 보어
do = 하다 / **her** = 그녀의 / **homework** = 숙제			
I 나는	help 돕는다	my sister 나의 여동생이	do her homework 그녀의 숙제를 하는 걸

I help my sister do her homework.

3 I help my brother study math.

저는 제 남동생이 수학 공부하는 걸 도와줘요.

study = 공부하다 / math = 수학			
주어	동사	목적어	목적격 보어
I 나는	**help** 돕는다	**my brother** 나의 남동생이	**study math** 수학을 공부하는 걸

I help my brother study math.

앞서 배운 세 문장을 연결해 짧은 영어 글을 써 보세요.

- **I help my brother and sister a lot.**
  (저는 제 남동생과 여동생을 많이 도와줘요.)

- **I help my sister do her homework.**
  (저는 제 여동생이 숙제하는 걸 도와줘요.)

- **I help my brother study math.**
  (저는 제 남동생이 수학 공부하는 걸 도와줘요.)

오늘은 ❶ 가족들과 저녁을 먹고 ❷ 저녁을 먹으며 TV를 보고 ❸ 함께 이야기도 나눈다는
말을 영어 문장으로 만들고, 듣고, 따라 말하며 써 보도록 할게요.

MP3 28-1

❶ I have dinner with my family.

저는 가족들과 함께 저녁을 먹어요.

have+음식 = ~을 먹다 / dinner = 저녁식사			
주어	동사	목적어	전치사구
I 나는	have 먹는다	dinner 저녁식사를	with my family 나의 가족들과 함께

I have dinner with my family.

MP3 28-2

❷ We watch TV during dinner.

우리는 저녁식사 동안 TV를 봐요.

watch = 보다, 관람하다 / during = ~동안			
주어	동사	목적어	전치사구
We 우리는	watch 본다	TV TV를	during dinner 저녁식사 동안

We watch TV during dinner.

③ We also talk together while we eat.

우리는 식사하는 동안 함께 이야기도 해요.

talk = 이야기하다 / together = 함께 / while+문장 = ~하는 동안				
주어	부사	동사	부사	부사절
We 우리는	also 또한	talk 이야기한다	together 함께	while we eat 우리가 먹는 동안

We also talk together while we eat.

앞서 배운 세 문장을 연결해 짧은 영어 글을 써 보세요.

- **I have dinner with my family.**
  (저는 가족들과 함께 저녁을 먹어요.)

- **We watch TV during dinner.**
  (우리는 저녁식사 동안 TV를 봐요.)

- **We also talk together while we eat.**
  (우리는 식사하는 동안 함께 이야기도 해요.)

목욕하기

오늘은 ❶ 자기 전에 샤워를 하는데 ❷ 처음엔 이를 닦고 ❸ 그 후 몸을 씻는다는 말을
영어 문장으로 만들고, 듣고, 따라 말하며 써 보도록 할게요.

MP3 29-1

❶ I take a shower before bed.

저는 자기 전에 샤워를 해요.

take = (취)하다 / shower = 샤워 / before = ~전에 / bed = 침대, 잠자리			
주어	동사	목적어	전치사구
I 나는	take 한다	a shower 샤워를	before bed 자기 전에

I take a shower before bed.

MP3 29-2

❷ First, I brush my teeth.

우선, 저는 이를 닦아요.

first = 우선, 첫 번째로 / brush = 닦다 / teeth = (여러 개의) 이빨			
부사	주어	동사	목적어
First, 우선	I 나는	brush 닦는다	my teeth 나의 이빨을

First, I brush my teeth.

❸ After that, I wash my body.

그 뒤, 저는 몸을 씻어요.

전치사구	주어	동사	목적어
After that, 그 뒤,	**I** 나는	**wash** 씻는다	**my body** 나의 몸을

after = ~후에 / wash = 씻다 / body = 몸

After that, I wash my body.

앞서 배운 세 문장을 연결해 짧은 영어 글을 써 보세요.

- **I take a shower before bed.**

  (저는 자기 전에 샤워를 해요.)

- **First, I brush my teeth.**

  (우선, 저는 이를 닦아요.)

- **After that, I wash my body.**

  (그 뒤, 저는 몸을 씻어요.)

30 방 청소하고 자기

오늘은 ❶ 나만의 방이 있고 ❷ 내 방을 매일 청소하며 ❸ 내 방에서 혼자 잔다는 말을 영어 문장으로 만들고, 듣고, 따라 말하며 써 보도록 할게요.

MP3 30-1

❶ I have my own room.

저는 저만의 방이 있어요.

have = 가지고 있다 / **my own** = 나만의 / **room** = 방		
주어	동사	목적어
I 나는	**have** 가지고 있다	**my own room** 나만의 방을

I have my own room.

MP3 30-2

❷ I clean my room every day.

저는 매일 방 청소를 해요.

clean = 청소하다 / **every day** = 매일			
주어	동사	목적어	부사구
I 나는	**clean** 청소한다	**my room** 내 방을	**every day** 매일

I clean my room every day.

③ I sleep alone in my room.

저는 제 방에서 혼자 자요.

sleep = 자다 / alone = 혼자서			
주어	동사	부사	전치사구
I 나는	sleep 잔다	alone 혼자서	in my room 나의 방에서

I sleep alone in my room.

앞서 배운 세 문장을 연결해 짧은 영어 글을 써 보세요.

- **I have my own room.**

  (저는 저만의 방이 있어요.)

- **I clean my room every day.**

  (저는 매일 방 청소를 해요.)

- **I sleep alone in my room.**

  (저는 제 방에서 혼자 자요.)

오늘은 ❶ 공원에서 자전거를 타고 ❷ 학교에도 타고 가고 ❸ 자전거를 타면 기분이 좋다는 말을 영어 문장으로 만들고, 듣고, 따라 말하며 써 보도록 할게요.

❶ I ride my bike at the park.

MP3 31-1

저는 공원에서 자전거를 타요.

ride = 타다 / bike = 자전거 / at = ~에서 / park = 공원			
주어	동사	목적어	전치사구
I 나는	ride 탄다	my bike 나의 자전거를	at the park 공원에서

I ride my bike at the park.

❷ Sometimes I ride my bike to school.

MP3 31-2

가끔은 학교에 자전거를 타고 가요.

sometimes = 가끔 / to = ~으로, ~까지 / school = 학교				
부사	주어	동사	목적어	전치사구
Sometimes 가끔	I 나는	ride 탄다	my bike 나의 자전거를	to school 학교까지

Sometimes I ride my bike to school.

3 I feel happy when I ride my bike.

저는 자전거를 타면 기분이 좋아요.

feel = 느끼다 / happy = 행복한 / when+문장 = ~일 때			
주어	동사	주격 보어	부사절
I 나는	feel 느낀다	happy 행복한 (기분을)	when I ride my bike 내가 나의 자전거를 탈 때

I feel happy when I ride my bike.

앞서 배운 세 문장을 연결해 짧은 영어 글을 써 보세요.

- **I ride my bike at the park.**
  (저는 공원에서 자전거를 타요.)

- **Sometimes I ride my bike to school.**
  (가끔은 학교에 자전거를 타고 가요.)

- **I feel happy when I ride my bike.**
  (저는 자전거를 타면 기분이 좋아요.)

오늘은 ❶ 나는 피아노를 치고 ❷ 여동생은 바이올린을 켜고 ❸ 가끔 둘이 같이 연주한다는 말을 영어 문장으로 만들고, 듣고, 따라 말하며 써 보도록 할게요.

MP3 32-1

❶ I can play the piano.

저는 피아노를 칠 줄 알아요.

can+동사 = ~할 수 있다 / play+악기 = ~을 연주하다 / piano = 피아노		
주어	동사	목적어
I 나는	can play 연주할 수 있다	the piano 피아노를

I can play the piano.

MP3 32-2

❷ My sister can play the violin.

제 여동생은 바이올린을 켤 줄 알아요.

sister = 여자 형제 (누나, 언니, 여동생) / violin = 바이올린		
주어	동사	목적어
My sister 나의 여동생은	can play 연주할 수 있다	the violin 바이올린을

My sister can play the violin.

 **3 Sometimes we play music together.**

가끔 우리는 같이 음악을 연주해요.

music = 음악 / together = 같이, 함께				
부사	주어	동사	목적어	부사
Sometimes 가끔	**we** 우리는	**play** 연주한다	**music** 음악을	**together** 같이

Sometimes we play music together.

앞서 배운 세 문장을 연결해 짧은 영어 글을 써 보세요.

- **I can play the piano.**
  (저는 피아노를 칠 줄 알아요.)

- **My sister can play the violin.**
  (제 여동생은 바이올린을 켤 줄 알아요.)

- **Sometimes we play music together.**
  (가끔 우리는 같이 음악을 연주해요.)

오늘은 ❶ 친구들과 축구를 하고 ❷ 주로 학교가 끝난 후에 하며 ❸ 나는 좋은 선수라는 말을 영어 문장으로 만들고, 듣고, 따라 말하며 써 보도록 할게요.

❶ I play soccer with my friends.

MP3 33-1

저는 친구들과 함께 축구를 해요.

play+운동 종목 = ~(라는 운동)을 하다 / soccer = 축구			
주어	동사	목적어	전치사구
I 나는	play 한다	soccer 축구를	with my friends 나의 친구들과

I play soccer with my friends.

❷ We usually play soccer after school.

MP3 33-2

우리는 주로 학교가 끝난 후에 축구를 해요.

usually = 주로 / after = ~후에 / school = 학교				
주어	부사	동사	목적어	전치사구
We 우리는	usually 주로	play 한다	soccer 축구를	after school 학교(가 끝난) 후에

We usually play soccer after school.

3 I am a pretty good player.

저는 꽤 좋은 선수예요.

pretty+형용사 = 꽤 ~한 / good = (실력이) 좋은 / player = (운동) 선수		
주어	동사	주격 보어
I 나는	**am** 이다	**a pretty good player** 꽤 좋은 선수

I am a pretty good player.

앞서 배운 세 문장을 연결해 짧은 영어 글을 써 보세요.

- **I play soccer with my friends.**
  (저는 친구들과 함께 축구를 해요.)

- **We usually play soccer after school.**
  (우리는 주로 학교가 끝난 후에 축구를 해요.)

- **I am a pretty good player.**
  (저는 꽤 좋은 선수예요.)

오늘은 ❶ 크레파스로 그림을 그리고 ❷ 동물과 꽃을 그리며 ❸ 만화 캐릭터를 그린다는 말을 영어 문장으로 만들고, 듣고, 따라 말하며 써 보도록 할게요.

❶ **I draw pictures with crayons.**

MP3 34-1

저는 크레파스로 그림을 그려요.

draw = (그림을) 그리다 / picture = 그림 / crayon = 크레파스			
주어	동사	목적어	전치사구
I 나는	**draw** 그린다	**pictures** 그림들을	**with crayons** 크레파스들로

I draw pictures with crayons.

❷ **I usually draw animals and flowers.**

MP3 34-2

저는 주로 동물과 꽃을 그려요.

usually = 주로 / animal = 동물 / flower = 꽃			
주어	부사	동사	목적어
I 나는	**usually** 주로	**draw** 그린다	**animals and flowers** 동물들과 꽃들을

I usually draw animals and flowers.

3 Sometimes I draw cartoon characters.

가끔씩 저는 만화 캐릭터를 그려요.

cartoon = 만화 / character = 캐릭터, 등장인물			
부사	주어	동사	목적어
Sometimes 가끔	I 나는	draw 그린다	cartoon characters 만화 캐릭터들을

Sometimes I draw cartoon characters.

앞서 배운 세 문장을 연결해 짧은 영어 글을 써 보세요.

- **I draw pictures with crayons.**
  (저는 크레파스로 그림을 그려요.)

- **I usually draw animals and flowers.**
  (저는 주로 동물과 꽃을 그려요.)

- **Sometimes I draw cartoon characters.**
  (가끔 저는 만화 캐릭터를 그려요.)

35 노래하고 춤추기

오늘은 ① **노래와 춤추기를 잘하고** ② **가장 좋아하는 음악과** ③ **그 음악에 맞춰 춤춘다는** 말을 영어 문장으로 만들고, 듣고, 따라 말하며 써 보도록 할게요.

MP3 35-1

❶ I can sing and dance very well.

저는 노래와 춤추기를 정말 잘할 수 있어요.

주어	동사	부사구
can+동사 = ~할 수 있다 / **sing** = 노래하다 / **dance** = 춤추다 / **very well** = 정말 잘		
I 나는	can sing and dance 노래 부르고 춤출 수 있다	very well 정말 잘

I can sing and dance very well.

MP3 35-2

❷ My favorite song is Golden.

제가 가장 좋아하는 음악은 '골든'이에요.

주어	동사	주격 보어
favorite = 가장 좋아하는 / **song** = 음악		
My favorite song 나의 가장 좋아하는 음악은	is 이다	Golden '골든'

My favorite song is Golden.

3 I can dance to this song really well.

저는 이 음악에 맞춰 굉장히 잘 출출 수 있어요.

to = ~에 (맞춰서) / really well = 굉장히 잘			
주어	동사	전치사구	부사구
I 나는	can dance 춤출 수 있다	to this song 이 노래에 맞춰서	really well 굉장히 잘

I can dance to this song really well.

앞서 배운 세 문장을 연결해 짧은 영어 글을 써 보세요.

- **I can sing and dance very well.**
  (저는 노래와 춤추기를 정말 잘할 수 있어요.)

- **My favorite song is Golden.**
  (제가 가장 좋아하는 음악은 '골든'이에요.)

- **I can dance to this song really well.**
  (저는 이 음악에 맞춰 굉장히 잘 출출 수 있어요.)

오늘은 ① 매일 영어를 공부하고 ② 엄마와 종종 영어로 대화하고 ③ 영어로 일기도 쓴다는 말을 영어 문장으로 만들고, 듣고, 따라 말하며 써 보도록 할게요.

① I study English every day.

저는 매일 영어를 공부해요.

MP3 36-1

study = 공부하다 / English = 영어 / every day = 매일			
주어	동사	목적어	부사구
I 나는	study 공부한다	English 영어를	every day 매일

I study English every day.

② I often talk with my mom in English.

저는 종종 엄마와 영어로 이야기해요.

MP3 36-2

often = 종종, 자주 / talk = 이야기하다 / in English = 영어로				
주어	부사	동사	전치사구	전치사구
I 나는	often 종종	talk 이야기한다	with my mom 나의 엄마와	in English 영어로

I often talk with my mom in English.

3 I also write my diary in English.

저는 영어로 일기도 써요.

주어	부사	동사	목적어	전치사구
I 나는	**also** 또한	**write** 쓴다	**my diary** 나의 일기를	**in English** 영어로

also = 또한 / write = 쓰다 / diary = 일기

I also write my diary in English.

앞서 배운 세 문장을 연결해 짧은 영어 글을 써 보세요.

- **I study English every day.**
  (저는 매일 영어를 공부해요.)

- **I often talk with my mom in English.**
  (저는 종종 엄마와 영어로 이야기해요.)

- **I also write my diary in English.**
  (저는 영어로 일기도 써요.)

오늘은 ❶ 주말에 외식을 하고 ❷ 패밀리 레스토랑에 가고 ❸ 어떤 음식을 가장 좋아한다는 말을 영어 문장으로 만들고, 듣고, 따라 말하며 써 보도록 할게요.

❶ I eat out with my parents on weekends.

MP3 37-1

저는 주말에 부모님과 함께 외식해요.

eat out = 외식하다 / parents = 부모님 / (on) weekends = 주말(에)			
주어	동사	전치사구	전치사구
I 나는	eat out 외식한다	with my parents 나의 부모님과	on weekends 주말에

I eat out with my parents on weekends.

❷ We usually go to a family restaurant.

MP3 37-2

우리는 주로 패밀리 레스토랑에 가요.

usually = 주로 / go = 가다 / to = ~에 / family restaurant = 패밀리 레스토랑			
주어	부사	동사	전치사구
We 우리는	usually 주로	go 간다	to a family restaurant 패밀리 레스토랑에

We usually go to a family restaurant.

 ## ❸ Pizza and steak are my favorites.

피자와 스테이크가 제가 제일 좋아하는 음식이에요.

pizza = 피자 / steak = 스테이크 / favorite = 가장 좋아하는 것		
주어	동사	주격 보어
Pizza and steak 피자와 스테이크가	**are** 이다	**my favorites** 나의 가장 좋아하는 것들

Pizza and steak are my favorites.

앞서 배운 세 문장을 연결해 짧은 영어 글을 써 보세요.

- **I eat out with my parents on weekends.**
  (저는 주말에 부모님과 함께 외식해요.)

- **We usually go to a family restaurant.**
  (우리는 주로 패밀리 레스토랑에 가요.)

- **Pizza and steak are my favorites.**
  (피자와 스테이크가 제가 제일 좋아하는 음식이에요.)

DAY 38 여름 방학

오늘은 ❶ 매년 여름 해변에 가고 ❷ 바다에서 수영을 하며 ❸ 부모님이 사진을 찍는다는 말을 영어 문장으로 만들고, 듣고, 따라 말하며 써 보도록 할게요.

❶ I go to the beach every summer.

MP3 38-1

저는 매년 여름 해변에 가요.

go = 가다 / **beach** = 해변 / **(every) summer** = (매) 여름			
주어	동사	전치사구	부사구
I 나는	**go** 간다	**to the beach** 해변으로	**every summer** 매 여름

I go to the beach every summer.

❷ I swim in the sea with my parents.

MP3 38-2

저는 부모님과 바다에서 수영을 해요.

swim = 수영하다 / **sea** = 바다 / **parents** = 부모님			
주어	동사	전치사구	전치사구
I 나는	**swim** 수영한다	**in the sea** 바다 속에서	**with my parents** 나의 부모님과 함께

I swim in the sea with my parents.

❸ My parents take pictures of me.

우리 부모님은 제 사진을 찍으세요.

take = (사진을) 찍다 / **picture** = 사진 / **of** = ~의		
주어	동사	목적어
My parents 나의 부모님은	**take** 찍는다	**pictures of me** 나의 사진들을

My parents take pictures of me.

앞서 배운 세 문장을 연결해 짧은 영어 글을 써 보세요.

- **I go to the beach every summer.**
  (저는 매년 여름 해변에 가요.)

- **I swim in the sea with my parents.**
  (저는 부모님과 바다에서 수영을 해요.)

- **My parents take pictures of me.**
  (우리 부모님은 제 사진을 찍으세요.)

39 겨울 방학

오늘은 ❶ 매년 겨울 눈썰매장에 가서 ❷ 눈썰매를 타고 ❸ 가족들과 외식을 한다는 말을 영어 문장으로 만들고, 듣고, 따라 말하며 써 보도록 할게요.

❶ I go to a sledding hill every winter.

MP3 39-1

저는 매년 겨울 눈썰매장에 가요.

sledding hill = (눈)썰매장 / (every) winter = (매) 겨울			
주어	동사	전치사구	부사구
I 나는	go 간다	to a sledding hill 눈썰매장에	every winter 매 겨울

I go to a sledding hill every winter.

❷ I ride a sled with my family.

MP3 39-2

저는 가족들과 함께 눈썰매를 타요.

ride = 타다 / sled = (눈)썰매			
주어	동사	목적어	전치사구
I 나는	ride 탄다	a sled 눈썰매를	with my family 나의 가족과 함께

I ride a sled with my family.

③ After sledding, we eat out together.

눈썰매를 탄 후, 우리는 함께 외식을 해요.

sledding = (눈)썰매 타기 / **eat out** = 외식하다 / **together** = 함께			
전치사구	주어	동사	부사
After sledding 눈썰매 타기 후에	**we** 우리는	**eat out** 외식한다	**together** 함께

After sledding, we eat out together.

앞서 배운 세 문장을 연결해 짧은 영어 글을 써 보세요.

- **I go to a sledding hill every winter.**
  (저는 매년 겨울 눈썰매장에 가요.)

- **I ride a sled with my family.**
  (저는 가족들과 함께 눈썰매를 타요.)

- **After sledding, we eat out together.**
  (눈썰매를 탄 후, 우리는 함께 외식을 해요.)

40 봄과 가을

오늘은 ❶ 봄과 가을을 좋아하고 ❷ 봄에는 꽃들이 피고 ❸ 가을엔 잎들의 색이 바뀐다는 말을 영어 문장으로 만들고, 듣고, 따라 말하며 써 보도록 할게요.

❶ I love Spring and Fall.

MP3 40-1

저는 봄과 가을을 정말 좋아해요.

love = 사랑하다, 굉장히 좋아하다 / Spring = 봄 / Fall = 가을		
주어	동사	목적어
I 나는	**love** 굉장히 좋아한다	**Spring and Fall** 봄과 가을을

I love Spring and Fall.

❷ Flowers bloom in Spring.

MP3 40-2

봄에는 꽃들이 피어요.

flower = 꽃 / bloom = (꽃이) 피다		
주어	동사	전치사구
Flowers 꽃들이	**bloom** 핀다	**in Spring** 봄에

Flowers bloom in Spring.

 **Leaves change color in Fall.**

가을에는 잎사귀들의 색이 바뀌어요.

leaf = 1개의 잎사귀 → leaves = 여러 개의 잎사귀들 / change = 바꾸다 / color = 색깔			
주어	동사	목적어	전치사구
Leaves 잎사귀들이	**change** 바꾼다	**color** 색깔을	**in Fall** 가을에

Leaves change color in Fall.

앞서 배운 세 문장을 연결해 짧은 영어 글을 써 보세요.

- **I love Spring and Fall.**
  (저는 봄과 가을을 정말 좋아해요.)

- **Flowers bloom in Spring.**
  (봄에는 꽃들이 피어요.)

- **Leaves change color in Fall.**
  (가을에는 잎사귀들의 색이 바뀌어요.)

오늘은 ❶ 내 생일이 몇 월 몇 일이고 ❷ 부모님이 파티를 열며 ❸ 친구들이 선물을 준다는 말을 영어 문장으로 만들고, 듣고, 따라 말하며 써 보도록 할게요.

MP3 41-1

❶ My birthday is December 20th.

제 생일은 12월 20일이에요.

birthday = 생일 / December = 12월 / 20th = 20번째 (날)		
주어	동사	주격 보어
My birthday 나의 생일은	**is** 이다	**December 20th** 12월 20일

My birthday is December 20th.

MP3 41-2

❷ My parents throw a party for me.

우리 부모님은 저를 위해 파티를 여세요.

throw = (파티를) 열다 / party = 파티 / for = ~을 위해			
주어	동사	목적어	전치사구
My parents 나의 부모님은	**throw** 연다	**a party** 파티를	**for me** 나를 위해

My parents throw a party for me.

❸ My friends give me gifts.

제 친구들을 저에게 선물을 줘요.

give A B = A에게 B를 주다 / gift = 선물			
주어	동사	간접 목적어	직접 목적어
My friends 나의 친구들은	**give** 준다	**me** 나에게	**gifts** 선물들을

My friends give me gifts.

앞서 배운 세 문장을 연결해 짧은 영어 글을 써 보세요.

- **My birthday is December 20th.**
  (제 생일은 12월 20일이에요.)

- **My parents throw a party for me.**
  (우리 부모님은 저를 위해 파티를 여세요.)

- **My friends give me gifts.**
  (제 친구들은 저에게 선물을 줘요.)

오늘은 ① 설날에 친척들을 만나고 ② 조부모님께 세배를 하고 ③ 세뱃돈을 받는다는 말을 영어 문장으로 만들고, 듣고, 따라 말하며 써 보도록 할게요.

① I meet my relatives on Lunar New Year.

MP3 42-1

저는 설날에 친척들을 만나요.

meet = 만나다 / relative = 친척 / (on) Lunar New Year = 설날(에)			
주어	동사	목적어	전치사구
I 나는	meet 만난다	relatives 친척들을	on Lunar New Year 설날에

I meet my relatives on Lunar New Year.

② I bow to my grandparents.

MP3 42-2

저는 할머니 할아버지께 절을[세배를] 해요.

bow = 절을 하다 / grandparents = 조부모님[할머니 할아버지]		
주어	동사	전치사구
I 나는	bow 절을 한다	to my grandparents 나의 조부모님[할머니 할아버지]에게

I bow to my grandparents.

③ They give me New Year's money.

그들[할머니 할아버지]은 저에게 세뱃돈을 주세요.

주어	동사	간접 목적어	직접 목적어
New Year = 새해 / **money** = 돈 / **New Year's money** = 세뱃돈			
They 그들은	**give** 준다	**me** 나에게	**New Year's money** 세뱃돈을

They give me New Year's money.

앞서 배운 세 문장을 연결해 짧은 영어 글을 써 보세요.

- **I meet my relatives on Lunar New Year.**
  (저는 설날에 친척들을 만나요.)

- **I bow to my grandparents.**
  (저는 할머니 할아버지께 세배를 해요.)

- **They give me New Year's money.**
  (할머니 할아버지는 저에게 세뱃돈을 주세요.)

오늘은 ① 크리스마스를 좋아하고 ② 크리스마스 트리를 장식하며 ③ 선물을 열어 본다는 말을 영어 문장으로 만들고, 듣고, 따라 말하며 써 보도록 할게요.

① Christmas is my favorite holiday.

MP3 43-1

크리스마스는 제가 가장 좋아하는 휴일이에요.

Christmas = 크리스마스 / favorite = 가장 좋아하는 / holiday = 휴일		
주어	동사	주격 보어
Christmas 크리스마스는	is 이다	my favorite holiday 내가 가장 좋아하는 휴일

Christmas is my favorite holiday.

② I decorate a Christmas tree.

MP3 43-2

저는 크리스마스 트리를 장식해요.

decorate = 장식하다 / Christmas tree = 크리스마스 트리		
주어	동사	목적어
I 나는	decorate 장식한다	a Christmas tree 크리스마스 트리를

I decorate a Christmas tree.

③ I open my presents in the morning.

저는 아침에 제 선물들을 열여 봐요.

open = 열다 / present = 선물 / (in) the morning = 아침(에)			
주어	동사	목적어	전치사구
I 나는	open 연다	my presents 나의 선물들을	in the morning 아침에

I open my presents in the morning.

앞서 배운 세 문장을 연결해 짧은 영어 글을 써 보세요.

- **Christmas is my favorite holiday.**
  (크리스마스는 제가 가장 좋아하는 휴일이에요.)

- **I decorate a Christmas tree.**
  (저는 크리스마스 트리를 장식해요.)

- **I open my presents in the morning.**
  (저는 아침에 제 선물들을 열어 봐요.)

오늘은 ❶ 가족과 슈퍼마켓에 가서 ❷ 부모님이 식재료를 사고 ❸ 내 간식도 산다는 말을
영어 문장으로 만들고, 듣고, 따라 말하며 써 보도록 할게요.

❶ I go to a supermarket with my family.

MP3 44-1

저는 가족과 함께 슈퍼마켓에 가요.

go = 가다 / supermarket = 슈퍼마켓 / family = 가족			
주어	동사	전치사구	전치사구
I 나는	go 간다	to a supermarket 슈퍼마켓에	with my family 나의 가족과 함께

I go to a supermarket with my family.

❷ My parents buy many ingredients.

MP3 44-2

우리 부모님은 많은 식재료들을 사요.

buy = 사다 / many = 많은 / ingredient = 식재료		
주어	동사	목적어
My parents 나의 부모님은	buy 산다	many ingredients 많은 식재료들을

My parents buy many ingredients.

 **3** **They also buy my favorite snacks.**

그들은[부모님은] 제가 가장 좋아하는 간식도 사세요.

also = 또한 / favorite = 가장 좋아하는 / snack = 스낵, 간식			
주어	부사	동사	목적어
They 그들은	**also** 또한	**buy** 산다	**my favorite snacks** 나의 가장 좋아하는 간식들을

They also buy my favorite snacks.

앞서 배운 세 문장을 연결해 짧은 영어 글을 써 보세요.

- **I go to a supermarket with my family.**
  (저는 가족과 함께 슈퍼마켓에 가요.)

- **My parents buy many ingredients.**
  (우리 부모님은 많은 식재료들을 사요.)

- **They also buy my favorite snacks.**
  (부모님은 제가 가장 좋아하는 간식도 사세요.)

오늘은 ❶ 아플 때 병원에 가서 ❷ 의사 선생님 진찰을 받고 ❸ 주사를 맞고 약을 먹는다는 말을 영어 문장으로 만들고, 듣고, 따라 말하며 써 보도록 할게요.

MP3 45-1

❶ I go to a hospital when I am sick.

저는 아플 때 병원에 가요.

hospital = 병원 / when+문장 = ~일 때 / sick = 아픈			
주어	동사	전치사구	부사절
I 나는	go 간다	to a hospital 병원에	when I am sick 내가 아플 때

I go to a hospital when I am sick.

MP3 45-2

❷ The doctor checks me.

의사 선생님이 저를 진찰하세요.

doctor = 의사 / check = 살피다, 점검하다, 진단[진찰]하다		
주어	동사	목적어
The doctor 의사가	checks 진찰한다	me 나를

The doctor checks me.

3 I get a shot and take medicine.

저는 주사를 맞고 약을 먹어요.

get = (주사를) 맞다 / shot = 주사 / take = (약을) 먹다, 복용하다 / medicine = 약					
주어	동사	목적어	접속사	동사	목적어
I 나는	get 맞는다	a shot 주사를	and 그리고	take 먹는다	medicine 약을

I get a shot and take medicine.

앞서 배운 세 문장을 연결해 짧은 영어 글을 써 보세요.

- **I go to a hospital when I am sick.**
  (저는 아플 때 병원에 가요.)

- **The doctor checks me.**
  (의사 선생님이 저를 진찰하세요.)

- **I get a shot and take medicine.**
  (저는 주사를 맞고 약을 먹어요.)

오늘은 ❶ 가끔씩 영화관에 가고 ❷ 만화 영화를 좋아하며 ❸ 영화를 보며 팝콘을 먹는다는 말을 영어 문장으로 만들고, 듣고, 따라 말하며 써 보도록 할게요.

❶ Sometimes I go to the movie theater.

MP3 46-1

가끔 저는 영화관에 가요.

sometimes = 가끔 / movie theater = 영화관			
부사	주어	동사	전치사구
Sometimes 가끔	**I** 나는	**go** 간다	**to the movie theater** 영화관에

Sometimes I go to the movie theater.

❷ I like animated movies.

MP3 46-2

저는 만화 영화를 좋아해요.

movie = 영화 / animated movie = 만화 영화		
주어	동사	목적어
I 나는	**like** 좋아한다	**animated movies** 만화 영화들을

I like animated movies.

 **3** **I eat popcorn while I watch a movie.**

저는 영화를 보는 동안 팝콘을 먹어요.

eat = 먹다 / popcorn = 팝콘 / while+문장 = ~하는 동안 / watch = 보다, 관람하다			
주어	동사	목적어	부사절
I 나는	eat 먹는다	popcorn 팝콘을	while I watch a movie 내가 영화를 보는 동안

I eat popcorn while I watch a movie.

앞서 배운 세 문장을 연결해 짧은 영어 글을 써 보세요.

- **Sometimes I go to the movie theater.**
  (가끔 저는 영화관에 가요.)

- **I like animated movies.**
  (저는 만화 영화를 좋아해요.)

- **I eat popcorn while I watch a movie.**
  (저는 영화를 보는 동안 팝콘을 먹어요.)

놀이동산 가기

오늘은 ❶ 가족과 롯데월드에 가서 ❷ 놀이 기구를 타는데 ❸ 바이킹을 가장 좋아한다는 말을 영어 문장으로 만들고, 듣고, 따라 말하며 써 보도록 할게요.

❶ I go to Lotte World with my family.

MP3 47-1 

저는 가족들과 함께 롯데월드에 가요.

Lotte World = 롯데월드 (*고유명사는 앞 글자가 항상 대문자)			
주어	동사	전치사구	전치사구
I 나는	**go** 간다	**to Lotte World** 롯데월드에	**with my family** 나의 가족과 함께

I go to Lotte World with my family.

❷ I ride many rides there.

MP3 47-2 

저는 그곳에서 많은 놀이 기구들을 타요.

ride = 타다, 탈 것, 놀이 기구 / many = 많은 / there = 그곳에서			
주어	동사	목적어	부사
I 나는	**ride** 탄다	**many rides** 많은 놀이 기구들을	**there** 그곳에서

I ride many rides there.

3 My favorite ride is the Viking.
제가 가장 좋아하는 놀이 기구는 바이킹이에요.

favorite = 가장 좋아하는 / Viking = 바이킹		
주어	동사	주격 보어
My favorite ride 나의 가장 좋아하는 놀이 기구는	**is** 이다	**the Viking** 바이킹

My favorite ride is the Viking.

앞서 배운 세 문장을 연결해 짧은 영어 글을 써 보세요.

- **I go to Lotte World with my family.**
  (저는 가족들과 함께 롯데월드에 가요.)

- **I ride many rides there.**
  (저는 그곳에서 많은 놀이 기구들을 타요.)

- **My favorite ride is the Viking.**
  (제가 가장 좋아하는 놀이 기구는 바이킹이에요.)

DAY 48 동물원 가기

오늘은 ① 동물원을 좋아하고 ② 동물원에 동물들이 많고 ③ 코끼리와 기린을 좋아한다는 말을 영어 문장으로 만들고, 듣고, 따라 말하며 써 보도록 할게요.

① I like going to the zoo.

MP3 48-1

저는 동물원에 가는 걸 좋아해요.

동사-ing = ~하는 것 (go(가다) → going(가는 것)) / zoo = 동물원		
주어	동사	목적어
I 나는	like 좋아한다	going to the zoo 동물원에 가는 것을

I like going to the zoo.

② Many animals live in the zoo.

MP3 48-2

많은 동물들이 동물원에 살아요.

many = 많은 / animal = 동물 / live = 살다, 거주하다		
주어	동사	전치사구
Many animals 많은 동물들이	live 산다	in the zoo 동물원에

Many animals live in the zoo.

③ I like elephants and giraffes.

저는 코끼리와 기린을 좋아해요.

elephant = 코끼리 / **giraffe** = 기린		
주어	동사	목적어
I 나는	**like** 좋아한다	**elephants and giraffes** 코끼리들과 기린들을

I like elephants and giraffes.

앞서 배운 세 문장을 연결해 짧은 영어 글을 써 보세요.

- **I like going to the zoo.**
  (저는 동물원에 가는 걸 좋아해요.)

- **Many animals live in the zoo.**
  (많은 동물들이 동물원에 살아요.)

- **I like elephants and giraffes.**
  (저는 코끼리와 기린을 좋아해요.)

장난감 사러 가기

오늘은 ❶ 장난감 가게에 가서 ❷ 장난감 로봇을 사고 ❸ 인형을 사고 싶다는 말을 영어 문장으로 만들고, 듣고, 따라 말하며 써 보도록 할게요.

❶ I want to go to the toy store.

MP3 49-1

저는 장난감 가게에 가고 싶어요.

to-동사 = ~하는 것(go(가다) → to go(가는 것)) / toy = 장난감 / store = 가게		
주어	동사	목적어
I 나는	want 원한다	to go to the toy store 장난감 가게에 가는 것을

I want to go to the toy store.

❷ I want to buy a toy robot.

MP3 49-2

저는 장난감 로봇을 사고 싶어요.

buy = 사다 / to buy a toy robot = 장난감 로봇을 사는 것		
주어	동사	목적어
I 나는	want 원한다	to buy a toy robot 장난감 로봇을 사는 것을

I want to buy a toy robot.

❸ My sister wants to buy a doll.

제 여동생은 인형을 사고 싶어 해요.

doll = 인형 / to buy a doll = 인형을 사는 것		
주어	동사	목적어
My sister 나의 여동생은	**wants** 원한다	**to buy a doll** 인형을 사는 것을

My sister wants to buy a doll.

앞서 배운 세 문장을 연결해 짧은 영어 글을 써 보세요.

- **I want to go to the toy store.**
  (저는 장난감 가게에 가고 싶어요.)

- **I want to buy a toy robot.**
  (저는 장난감 로봇을 사고 싶어요.)

- **My sister wants to buy a doll.**
  (제 여동생은 인형을 사고 싶어 해요.)

오늘은 ❶ 내 꿈은 비행사 ❷ 내 친구의 꿈은 가수 ❸ 우리 모두는 훌륭한 사람이 꿈이라는 말을 영어 문장으로 만들고, 듣고, 따라 말하며 써 보도록 할게요.

❶ I want to be a pilot.

MP3 50-1

저는 비행사가 되고 싶어요.

be= ~이다 (be는 'am/are/is'의 원형) → to be = ~이[가] 되는 것 / pilot = 비행사		
주어	동사	목적어
I 나는	**want** 원한다	**to be a pilot** 비행사가 되는 것을

I want to be a pilot.

❷ My friend wants to be a singer.

MP3 50-2

제 친구는 가수가 되고 싶어 해요.

singer = 가수 → to be a singer = 가수가 되는 것		
주어	동사	목적어
My friend 나의 친구는	**wants** 원한다	**to be a singer** 가수가 되는 것을

My friend wants to be a singer.

③ We both want to be great people.

우리 모두는 훌륭한 사람이 되고 싶어 해요.

great = 훌륭한 / people = 사람들 → to be great people = 훌륭한 사람들이 되는 것		
주어	동사	목적어
We both 우리 모두는	**wants** 원한다	**to be great people** 훌륭한 사람들이 되는 것을

We both want to be great people.

앞서 배운 세 문장을 연결해 짧은 영어 글을 써 보세요.

- **I want to be a pilot.**
  (저는 비행사가 되고 싶어요.)

- **My friend wants to be a singer.**
  (제 친구는 가수가 되고 싶어 해요.)

- **We both want to be great people.**
  (우리 모두는 훌륭한 사람이 되고 싶어 해요.)

+150문장 더 써 보기 Workbook

Day 01

I am Rachel.

저는 레이첼이에요.

I am Rachel.

I am a first-grade student. (first-grade = 1학년)

저는 1학년 학생이에요.

I am a first-grade student.

I am a bright person. (bright = 밝은, 명랑한)

저는 명랑한 사람이에요.

I am a bright person.

Day 02

I am American. (American = 미국인)

저는 미국인이에요.

I am American.

I live in America. (America = 미국)

저는 미국에 살아요.

I live in America.

I live with my parents. (parents = 부모님)

저는 부모님과 함께 살아요.

I live with my parents.

Day 03

I love my family. (family = 가족)
저는 제 가족을 사랑해요.

I am my family.

My dad is strong. (strong = 힘이 센)
우리 아빠는 힘이 세요.

My dad is strong.

My mom is generous. (generous = 자애로운, 너그러운)
우리 엄마는 너그러우세요.

My mom is generous.

Day 04

You are so funny. (funny = 재미있는)
너는 정말 재미있어.

You are so funny.

You are my close friend. (close = 가까운)
너는 나와 가까운 친구야.

You are my close friend.

We are fantastic friends. (fantastic = 환상적인, 멋진)
우리는 멋진 친구들이야.

We are fantastic friends.

Day 05

I have a sister. (sister = 여자 형제(누나, 언니, 여동생))
저는 여자 형제가 한 명 있어요.

I have a sister.

She is very pretty. (pretty = 예쁜)
그녀는 매우 예뻐요.

She is very pretty.

She is also very cute. (cute = 귀여운)
그녀는 또한 매우 귀여워요.

She is also very cute.

Day 06

I have two brothers. (brother = 남자 형제(형, 오빠, 남동생))
저는 남자 형제가 두 명 있어요.

I have two brothers.

They are my older brothers. (older = 더 나이 많은)
그들은 제 형들이에요.

They are my older brothers.

They love cats so much. (cat = 고양이)
그들은 고양이를 정말 많이 사랑해요.

They love cats so much.

Day 07

I like fish so much. (fish = 물고기)
저는 물고기를 정말 많이 좋아해요.

I like fish so much.

I have a pet fish. (pet fish = 애완 물고기)
저는 애완 물고기가 있어요.

I have a pet fish.

His name is Nemo. (his = (수컷인 물고기인) 그의)
그[제 물고기]의 이름은 니모예요.

His name is Nemo.

Day 08

I love pasta. (pasta = 파스타)
저는 파스타를 굉장히 좋아해요.

I love pasta.

I eat pasta every Saturday. ((every) Saturday = (매주) 토요일)
저는 매주 토요일마다 파스타를 먹어요.

I eat pasta every Saturday.

I feel good when I eat pasta. (feel = 느끼다 / good = 좋은)
저는 파스타를 먹을 때 기분이 좋아요.

I feel good when I eat pasta.

Day 09

Green is my favorite color. (green = 초록색)

초록색은 제가 가장 좋아하는 색깔이에요.

Green is my favorite color.

I like green shoes. (shoes = (한 켤레의) 신발)

저는 초록색 신발을 좋아해요.

I like green shoes.

I like green shirts too. (shirt = 셔츠)

저는 초록색 셔츠도 좋아해요.

I like green shirts too.

Day 10

My friend likes games so much. (game = 게임)

제 친구는 게임을 정말 많이 좋아해요.

My friend likes games so much.

She likes puzzle games the best. (puzzle game = 퍼즐 게임)

그녀는 퍼즐 게임을 제일 좋아해요.

She likes puzzle games the best.

Her favorite game is "Tetris". (Tetris = 테트리스)

그녀가 가장 좋아하는 게임은 "테트리스"예요.

Her favorite game is "Tetris".

Day 11

I have big ears. (ear = 귀)

저는 큰 귀를 갖고 있어요.

I have big ears.

I have a pointy nose. (pointy = 뾰족한)

저는 뾰족한 코를 갖고 있어요.

I have a pointy nose.

I have small lips. (lip = 입술 *위 아래 양쪽 입술은 lips)

저는 작은 입술을 갖고 있어요.

I have small lips.

Day 12

She has curly hair. (curly = 곱슬거리는)

그녀는 곱슬거리는 머리카락을 갖고 있어요.

She has curly hair.

She has long fingers and toes. (finger = 손가락 / toe = 발가락)

그녀는 긴 손가락과 긴 발가락을 갖고 있어요.

She has long fingers and toes.

She has a beautiful smile. (smile = 미소)

그녀는 아름다운 미소를 갖고 있어요.

She has a beautiful smile.

Day 13

I don't like peppers. (pepper = 고추)

저는 고추를 안 좋아해요.

I don't like peppers.

My friend doesn't like carrots. (carrot = 당근)

제 친구는 당근을 안 좋아해요.

My friend doesn't like carrots.

We don't like vegetables. (vegetable = 야채)

우리는 야채를 안 좋아해요.

We don't like vegetables.

Day 14

I don't have grandparents. (grandparents = 할머니 할아버지)

저는 할머니 할아버지가 없어요.

I don't have grandparents.

My friend doesn't have a cousin. (cousin = 사촌)

제 친구는 사촌이 없어요.

My friend doesn't have a cousin.

We don't have any relatives. (any = 그 어떤 / relative = 친척)

우리는 그 어떤 친척도 없어요.

We don't have any relatives.

Day 15

I am not angry. (angry = 화난)
저는 화나지 않아요.

I am not angry.

He is not upset. (upset = 속상한)
그는 속상하지 않아요.

He is not upset.

We are not sad at all. (sad = 슬픈)
우리는 전혀 슬프지 않아요.

We are not sad at all.

Day 16

I wake up in the morning. (in the morning = 아침에)
저는 아침에 일어나요.

I wake up in the morning.

I go to the living room. (living room = 거실)
저는 거실로 가요.

I go to the living room.

I stretch my body. (stretch = 쭉 뻗다 / body = 몸)
저는 제 몸을 쭉 뻗어 기지개를 켜요.

I stretch my body.

I eat cereal for breakfast. (cereal = 시리얼)

저는 아침으로 시리얼을 먹어요.

I eat cereal for breakfast.

I watch TV during breakfast. (watch = 보다, 관람하다)

아침을 먹는 동안 저는 TV를 봐요.

I watch TV during breakfast.

After that, I put on my clothes. (put on = 입다 / clothes = 옷)

그 뒤, 저는 제 옷을 입어요.

After that, I put on my clothes.

Day 18

DAY 18

I put on my backpack. (backpack = 배낭)

저는 제 배낭을 매요.

I put on my backpack.

I say goodbye to my parents. (parents = 부모님)

저는 제 부모님께 인사해요.

I say goodbye to my parents.

I ride my bike to school. (ride = 타다 / bike = 자전거)

저는 학교까지 제 자전거를 타고 가요.

I ride my bike to school.

Day 19

I sit on my chair. (on = ~위에 / chair = 의자)

저는 제 의자 위에 앉아요.

I sit on my chair.

I open my book at my desk. (open = 열다, 펼치다 / book = 책)

저는 제 책상에서 제 책을 펼쳐요.

I open my book at my desk.

I study hard during class. (study = 공부하다 / hard = 열심히)

수업 동안 저는 열심히 공부해요.

I study hard during class.

Day 20

I eat lunch in the classroom. (classroom = 교실)

저는 교실에서 점심을 먹어요.

I eat lunch in the classroom.

I enjoy my meal during lunch. (enjoy = 즐기다 / meal = 식사)

저는 점심을 먹으며 제 식사를 즐겨요.

I enjoy my meal during lunch.

After the meal, I take a nap. (take a nap = 낮잠을 자다)

밥을 먹고 나면, 저는 낮잠을 자요.

After the meal, I take a nap.

Day 21

I play with my classmates. (classmate = 반 친구)

저는 반 친구들과 놀아요.

I play with my classmates.

We play on the jungle gym. (jungle gym = 정글짐)

우리는 정글짐 위에서 놀아요.

We play on the jungle gym.

We also play on the seesaw. (seesaw = 시소)

우리는 시소도 타고 놀아요.

We also play on the seesaw.

Day 22

I carry my backpack. (carry = (가방을) 매다 / backpack = 배낭)

저는 배낭을 매요

I carry my backpack.

I say goodbye to my close friends. (close = 가까운)

저는 제 가까운 친구들에게 작별 인사를 해요.

I say goodbye to my close friends.

I also say goodbye to other friends. (other = 다른)

저는 다른 친구들에게도 작별 인사를 해요.

I also say goodbye to other friends.

Day 23

I take off my backpack. (take off = 벗다)

저는 배낭을 벗어요.

I take off my backpack.

I say "I'm home" to my parents. (parents = 부모님)

저는 우리 부모님께 "저 집에 왔어요"라고 말해요.

I say "I'm home" to my parents.

My mom smiles and welcomes me. (smile = 미소 짓다)

우리 엄마는 미소 지으며 저를 반겨 주세요.

My mom smiles and welcomes me.

Day 24

I do my homework in my room. (room = 방)

저는 제 방에서 숙제를 해요.

I do my homework in my room.

My older sister helps me a lot. (older = 더 나이 많은)

우리 언니/누나가 저를 많이 도와줘요.

My older sister helps me a lot.

I finish my homework before 6(six). (six = 6, 여섯)

저는 6시 전에 숙제를 끝내요.

I finish my homework before 6(six).

Day 25

I relax in my room. (relax = 느긋하게 쉬다)
저는 제 방에서 느긋하게 쉬어요.

I relax in my room.

Sometimes I read a comic book. (comic book = 만화책)
가끔 저는 만화책을 읽어요.

Sometimes I read a comic book.

Sometimes I play video games. (video game = 비디오 게임)
가끔 저는 비디오 게임을 해요.

Sometimes I play video games.

Day 26

I help my parents a lot. (a lot = 많이)
저는 부모님을 많이 도와드려요.

I help my parents a lot.

I help my mom feed the dog. (feed = 밥을 먹이다)
저는 우리 엄마가 개에게 먹이 주는 걸 도와드려요.

I help my mom feed the dog.

I help my dad clean the bathroom. (bathroom = 화장실)
저는 우리 아빠가 화장실 청소하는 걸 도와드려요.

I help my dad clean the bathroom.

Day 27

I always help my brother. (always = 항상)

저는 항상 제 남동생을 도와줘요.

I always help my brother.

I help him finish his homework. (finish = 끝내다)

저는 그가[제 남동생이] 숙제를 끝내는 걸 도와줘요.

I help him do his homework.

I also help him study English. (English = 영어)

저는 그가[제 남동생이] 영어 공부하는 걸 도와줘요

I also help him study English.

Day 28

We have dinner at 7(seven). (at+숫자 = ~시에)

우리는 7시에 저녁을 먹어요.

We have dinner at 7(seven).

We don't watch TV during dinner. (watch = 보다)

우리는 저녁식사 동안 TV를 안 봐요.

We don't watch TV during dinner.

We laugh a lot while we eat. (laugh = 웃다)

우리는 식사하는 동안 많이 웃어요.

We laugh a lot while we eat.

Day 29

I take a shower after dinner. (after = ~후에)

저는 저녁식사 후에 샤워를 해요.

I take a shower after dinner.

First, I wash my face. (wash = 씻다 / face = 얼굴)

우선, 저는 세수를 해요.

first, I wash my face.

After that, I wash my hair. (hair = 머리카락)

그 뒤, 저는 머리를 감아요.

After that, I wash my hair.

Day 30

I have my own small room. (small = 작은)

저는 저만의 작은 방이 있어요.

I have my own small room.

I always clean my room. (always = 항상)

저는 항상 제 방을 청소해요.

I always clean my room.

I sleep by myself in my room. (by myself = 나 혼자)

저는 제 방에서 저 혼자 자요.

I sleep by myself in my room.

Day 31

I ride my bike around the house. (around = ~주변에서)

저는 집 주변에서 자전거를 타요.

I ride my bike around the house.

Sometimes I ride my bike really fast. (really fast = 아주 빨리)

가끔 저는 아주 빨리 자전거를 타요.

Sometimes I ride my bike really fast.

I feel excited when I ride my bike. (excited = 신나는)

저는 자전거를 타면 신이 나요.

I feel excited when I ride my bike.

Day 32

I can play the recorder. (recorder = 리코더)

저는 리코더를 연주할 줄 알아요

I can play the recorder.

My sister can play the flute. (flute = 플루트)

제 여동생은 플루트를 연주할 줄 알아요.

My sister can play the flute.

We often play music together. (often = 자주)

우리는 자주 함께 음악을 연주해요.

We often play music together.

I play basketball with my friends. (basketball = 농구)

저는 친구들과 함께 농구를 해요.

I play basketball with my friends.

We play basketball on weekends. ((on) weekends = 주말(에))

우리는 주말에 농구를 해요.

We play basketball on weekends.

I'm pretty good at basketball. (good at = ~을 잘하는)

저는 농구를 꽤 잘해요.

I'm pretty good at basketball.

I draw pictures with a pencil. (pencil = 연필)

저는 연필로 그림을 그려요.

I draw pictures with a pencil.

I usually draw animals and nature. (nature = 자연)

저는 주로 동물과 자연을 그려요.

I usually draw animals and nature.

Sometimes I draw superheroes. (superhero = 슈퍼히어로)

가끔 저는 슈퍼히어로를 그려요.

Sometimes I draw superheroes.

Day 35

I can sing and dance pretty well. (pretty well = 꽤 잘)

저는 노래와 춤추기를 꽤 잘할 수 있어요.

I can sing and dance pretty well.

My favorite song is Soda Pop. (Soda Pop = 소다팝)

제가 가장 좋아하는 노래는 '소다팝'이에요.

My favorite song is Soda Pop.

I can dance to this song every day. (every day = 매일)

저는 이 음악에 맞춰 매일 춤출 수 있어요.

I can dance to this song every day.

Day 36

I study English at school. (at = ~에서 / school = 학교)

저는 학교에서 영어를 공부해요.

I study English at school.

I often talk with my teacher in English. (teacher = 선생님)

저는 종종 선생님과 영어로 이야기해요.

I often talk with my teacher in English.

I also write sentences in English. (sentence = 문장)

저는 영어로 문장들도 써요.

I also write sentences in English.

Day 37

I often eat out with my family. (often = 자주)
저는 가족들과 함께 자주 외식해요.

I often eat out with my family.

We usually go to a buffet. (buffet = 뷔페)
우리는 주로 뷔페에 가요.

We usually go to a buffet.

Beef and pork are my favorites. (beef/port = 소고기/돼지고기)
소고기와 돼지고기가 제가 제일 좋아하는 음식이에요.

Beef and pork are my favorites.

Day 38

I go to the pool every summer. (pool = 수영장)
저는 매년 여름 수영장에 가요.

I go to the pool every summer.

I swim in the pool with a tube. (tube = 튜브)
저는 튜브와 함께[튜브를 끼고] 수영장에서 수영해요.

I swim in the pool with a tube.

My mom takes pictures of me a lot. (a lot = 많이)
우리 엄마가 제 사진을 많이 찍으세요.

My mom takes pictures of me a lot.

Day 39

I go to an ice rink every winter. (ice rink = 스케이트장)

저는 매년 겨울 스케이트장에 가요.

I go to an ice rink every winter.

I skate on the ice. (skate = 스케이트를 타다 / ice = 얼음, 빙판)

저는 빙판 위에서 스케이트를 타요.

I skate on the ice.

After skating, I relax. (skating = 스케이트 타는 것 / relax = 쉬다)

스케이트를 탄 후, 저는 휴식을 취해요.

After skating, I relax.

Day 40

Spring and Fall are beautiful. (beautiful = 아름다운)

봄과 가을은 아름다워요.

Spring and fall are beautiful.

New buds bloom in Spring. (new bud = 새싹)

봄에는 새싹들이 피어요.

New buds bloom in Spring.

Leaves are colorful in Fall. (colorful = 알록달록한)

가을에는 잎사귀들이 알록달록해요.

Leaves are colorful in fall.

My birthday is April 20th. (April = 4월)

제 생일은 4월 20일이에요.

My birthday is April 20th.

My parents prepare a gift for me. (prepare = 준비하다)

우리 부모님은 저를 위해 선물을 준비하세요.

My parents prepare a gift for me.

They give me a special gift. (special = 특별한)

그들은[부모님은] 저에게 특별한 선물을 주세요.

They give me a special gift.

I have fun on Lunar New Year. (have fun = 즐겁게 지내다)

저는 설날에 즐겁게 지내요.

I have fun on Lunar New Year.

I visit my grandparents. (visit = 방문하다)

저는 할머니 할아버지를 방문해요.

I visit my grandparents.

They give me delicious food. (delicious = 맛있는)

그들은[할머니 할아버지는] 저에게 맛있는 음식을 주세요.

They give me delicious food.

Day 43

Christmas is an exciting holiday. (exciting = 신나는)

크리스마스는 신나는 휴일이에요.

Christmas is an exciting holiday.

I listen to Christmas songs. (listen (to ~) = (~을) 듣다)

저는 크리스마스 노래들을 들어요.

I listen to Christmas songs.

I wait for Santa Claus. (wait (for ~) = (~을) 기다리다)

저는 산타클로스를 기다려요.

I wait for Santa Claus.

Day 44

I go to a market on weekends. ((on) weekends = 주말(에))

저는 주말에 마켓에 가요.

I go to a market on weekends.

My parents buy many things. (thing = 것, 물건)

우리 부모님은 많은 것들을 사요.

My parents buy many things.

They usually buy food and snacks. (food = 음식)

그들은[부모님은] 주로 음식과 간식을 사요.

They usually buy food and snacks.

Day 45

Sometimes I go to the hospital. (sometimes = 가끔)

가끔 저는 병원에 가요.

Sometimes I go to the hospital.

The doctor looks at me. (look (at ~) = (~을) 살펴보다)

의사 선생님이 저를 살펴보세요.

The doctor looks at me.

He gives me a shot. (give A B = A에게 B를 주다)

그는[의사 선생님은] 저에게 주사를 주세요[놓으세요].

He gives me a shot.

Day 46

I often go to the movie theater. (often = 종종, 자주)

저는 종종 영화관에 가요.

I often go to the movie theater.

I like comedy movies. (comedy movie = 코미디 영화)

저는 코미디 영화를 좋아해요.

I like comedy movies.

I drink soda while I watch a movie. (soda = 탄산음료)

저는 영화를 보는 동안 탄산음료를 마셔요.

I drink soda while I watch a movie.

I go to Everland with my family. (Everland = 에버랜드)

저는 가족들과 함께 에버랜드에 가요.

I go to Everland with my family.

I enjoy many rides there. (enjoy = 즐기다)

저는 그곳에서 많은 놀이 기구들을 즐겨요.

I enjoy many rides there.

My favorite ride is the carousel. (carousel = 회전목마)

제가 가장 좋아하는 놀이 기구는 회전목마예요.

My favorite ride is the carousel.

I like going to the library. (library = 도서관)

저는 도서관에 가는 걸 좋아해요.

I like going to the library.

I like reading books there. (read = 읽다 / book = 책)

저는 그곳에서 책들을 읽는 걸 좋아해요.

I like reading books there.

I also like going to the bookstore. (bookstore = 서점)

저는 서점에 가는 것도 좋아해요.

I also like going to the bookstore.

Day 49

My mom wants to go to the market. (market = 마켓)

우리 엄마는 마켓에 가고 싶어 하세요.

My mom wants to go to the market.

She wants to buy food. (food = 음식)

그녀는[우리 엄마는] 음식을 사고 싶어 하세요.

She wants to buy food.

I want to buy snacks. (snack = 간식)

저는 간식을 사고 싶어요.

I want to buy snacks.

Day 50

I want to be an astronaut. (astronaut = 우주비행사)

저는 우주비행사가 되고 싶어요.

I want to be an astronaut.

My friend wants to be an actor. (actor = 배우)

제 친구는 배우가 되고 싶어 해요.

My friend wants to be an actor.

Everybody wants to be a great person. (everybody = 모두)

모두 멋진 사람이 되고 싶어 해요.

Everybody wants to be a great person.